I0184655

Lib 5 135 A

RELATION
DE LA BATAILLE
DE MARENGO.

RELATION DE LA BATAILLE DE MARENGO,
Présentée
A L'EMPEREUR,
SUR LE CHAMP DE BATAILLE.

Par le Maréchal d'Empire ALEX. BERTHIER, Grand Veneur, Grand Cordon
de la Légion d'Honneur, commandant la 1.ʳᵉ Cohorte, Ministre de la Guerre.

le 25 Prairial An 13, Anniversaire de la Victoire.

RELATION

DE LA

BATAILLE DE MARENGO,

GAGNÉE LE 25 PRAIRIAL AN 8,

PAR NAPOLÉON BONAPARTE,

PREMIER CONSUL,

COMMANDANT EN PERSONNE L'ARMÉE FRANÇAISE DE RÉSERVE,

SUR LES AUTRICHIENS,

AUX ORDRES DU LIEUTENANT-GÉNÉRAL MÉLAS;

RÉDIGÉE par le Général ALEX. BERTHIER, Ministre de la guerre, commandant sous les ordres immédiats du PREMIER CONSUL;

ET ACCOMPAGNÉE

De PLANS indicatifs des différens mouvemens des troupes, levés géométriquement par les Ingénieurs géographes du Dépôt général de la guerre, sous la direction du général de brigade SANSON, Inspecteur du génie.

A PARIS,
DE L'IMPRIMERIE IMPÉRIALE.
AN XIV. = 1805.

A L'EMPEREUR.

J'AI l'honneur de présenter à VOTRE MAJESTÉ *un monument de la gloire de* BONAPARTE, *et du dévouement que, dans ces champs à jamais célèbres, tant de braves témoignèrent, il y a cinq ans, au héros de la France, au libérateur de l'Italie.*

Les guerriers qui vous environnent, les mânes de ceux qui reposent au sein de cette terre, se lèvent avec moi pour saluer leur Empereur, *dans celui qu'à pareil jour la victoire salua ici du nom de* Grand.

Le Maréchal BERTHIER.

Sur le champ de Marengo, le 25 Prairial an 13, anniversaire de la bataille.

SITUATION DE L'ARMÉE DE RÉSERVE,

Le 25 Prairial an 8.

BONAPARTE, Premier Consul,
Commandant en personne.

ALEX. BERTHIER, *Général en chef.*
Pannetier, Stabenrath, } *Adjudans généraux.*

MARESCOT, *Général de division,* commandant le Génie.
MARMONT, *Général de brigade,* commandant l'Artillerie.

DUPONT, *Général de division,* Chef de l'État-major général.
Pamphyle Lacroix, Dampierre, } *Adjudans généraux.*

EN LIGNE A MARENGO.

INFANTERIE.

LIEUTENANS GÉNÉRAUX.	GÉNÉRAUX commandant les Divisions.	ADJUDANS généraux.	GÉNÉRAUX de Brigade.	COMMAND.t des Corps.	NUMÉR.o des Corps.	DÉSIGNATION de l'Arme.		FORCE des Corps.	TOTAUX par Division.
VICTOR.	GARDANNE.			Saunderson	44.e	de ligne.	3.	1,748.	
				Cardenau	101.e	de ligne.	3.	1,890.	3,691.
					102.e	de ligne.	"	53.	
	CHAMBARHAC.	Delort.	Herbin.	Ferry	2.j.e	légère.	1.	1,801.	
				Bisson	43.e	de ligne.	3.	1,901.	5,287.
			Rivaud.	Lapeeoe	96.e	de ligne.	3.	1,586.	
LANNES.	WATRIN.	Noguez.		Malher	6.e	légère.	3.	1,113.	
				Legendre	40.e	de ligne.	3.	1,716.	5,083.
			Gency.	Schreiber	22.e	de ligne.	3.	1,255.	
			Mainony.	Valhubert	28.e	de ligne.	3.	998.	
			Carra-S.-Cyr.	Bourgeois	19.e	légère.	2.	91.j.	
DESAIX.	MONNIER.	Girard.	Schilt.	Rouyer	70.e	de ligne.	3.	1,460.	3,613.
				Mercier	72.e	de ligne.	3.	1,230.	
			Meunier.	Labasse	9.e	légère.	3.	2,013.	
	BOUDET.	Dalton.		Lejeunesse	30.e	de ligne.	3.	1,430.	5,316.
			Guesneau.	Bourdois	59.e	de ligne.	3.	1,872.	
				Soulès	C.ons et Chass. de la C.le		1.	800.	800.
				TOTAL de l'Infanterie	45.				**23,791.**

CAVALERIE.

			Kellermann.	Ywendorff	2.e	de cavalerie	3.	120.	
				Gerard	20.e	de cavalerie	3.	200.	470.
				Rouff	21.e	de cavalerie	"	50.	
			Champeaux.	Vialannes	1.er	de dragons.	4.	410.	
				Millet	8.e	de dragons.	3.	328.	998.
				Levreault	9.e	de dragons.	3.	300.	
				Dufrance	6.e	de dragons.	4.	300.	800.
MURAT.		Géx. Berthier.		Jamery	12.e	de chasseurs	4.	300.	
				Lamery	11.e	de hussards.	2.	200.	
			Rivaud.	Dupré	21.e	de chasseurs	4.	319.	719.
				Fournier	12.e	de hussards.	4.	400.	
				Roumagni	2.e	de cavalerie.	4.	150.	301.
				Junice	1.er	de hussards.	1.	151.	
				Heussler	grenad. de la garde Consulaire.		1.	360.	360.
				TOTAL de la Cavalerie	40.				**3,688.**

ARTILLERIE ET GÉNIE.

Artillerie à pied et à cheval	618.	
Artillerie légère de la garde Consulaire	72.	690.

RÉCAPITULATION.

Infanterie	23,791.
Cavalerie	3,688.
Artillerie	690.
TOTAL	**28,169.**

DEVANT LES PLACES, ET EN POSITION SUR LES DEUX RIVES DU P.

INFANTERIE.

LIEUTENANS GÉNÉRAUX.	GÉNÉRAUX commandant les Divisions.	ADJUDANS généraux.	GÉNÉRAUX de Brigade.	COMMAND.t des Corps.	NUMÉR.o des Corps.	DÉSIGNATION de l'Arme.		FORCE des Corps.	TOTAUX
DUHESME.	LOISON.	Paulet.	Broussier.	Castillon	13.e	légère.	3.	1,127.	
			Gobert.	Colombo	58.e	de ligne.	3.	2,079.	5,304.
					102.e	de ligne.	3.	2,098.	
	LAPOYPE.			Cadinis	1.re	légère.	2.	850.	
				Poirier	3.e	de ligne.	3.	1,612.	3,142.
				Cessy	91.e	de ligne.	2.	980.	
MONCEY.	LORGE.	R.d Delon.	Lechy.	Chavot	67.e	de ligne.	3.	1,800.	
				Pyxe	Légion Italique.		3.	2,600.	4,412.
	GILLY.	Hullin, à Milan.			12.e	légère.	1.	112.	
				Berthier	1.re	de ligne.	3.	1,800.	3,523.
					1.	Armée italique de la bouches nouvaux. & de la Loire.	2.	811.	
	CHABRAN.				3.	d'Aosta.	2.	1,066.	
					12.e	légère.	1.	98.	
							1.	410.	
			Davin.	Prad'ke	28.e	légère.	3.	1,500.	
	TURREAU.	Liébault.		Maisons	21.e	de ligne.	3.	380.	4,612.
					26.e	de ligne.	3.	1,900.	
					180.e	de ligne.	1.	100.	
	BETHENCOURT.				107.e	de ligne.	1.	112.	
			Griffon.		102.e	de ligne.	1.	695.	695.
				TOTAL de l'Infanterie	45.				**24,694.**

CAVALERIE.

HARVILLE.			Dumoulin.	Jacquemin	1.er	de cavalerie	2.	182.	382.
CHABRAN.				Nicholson	5.e	de cavalerie	2.	200.	
					7.e	de chasseurs	1.	127.	127.
			Poinsot.		1.er	de cavalerie	2.	110.	
					13.e	de cavalerie	2.	300.	930.
					22.e	de cavalerie	2.	300.	
					29.e	de chasseurs	3.	280.	
DUHESME.	LOISON.		Broussier.	Desmanges	1.er	de dragons.	2.	250.	
			Gobert.	Thibaume	15.e	de chasseurs	2.	400.	1,180.
				Crouteille	2.e	de chasseurs	2.	400.	
				Avices	11.e	de hussards.	2.	300.	
TURREAU.	Liébault.			Boudet	21.e	de cavalerie	1.	50.	300.
					11.e	de chasseurs	2.	250.	
				Kister	9.e	Thuillier	1.		
				TOTAL de la Cavalerie	31.				**3,314.**

ARTILLERIE ET GÉNIE.

Artillerie à pied et à cheval	1,131.	
Pontoniers, Sapeurs, &c.	269.	1,400.

RÉCAPITULATION.

Infanterie	24,964.
Cavalerie	3,312.
Artillerie et Génie	1,400.
TOTAL	**29,676.**

RÉCAPITULATION GÉNÉRALE.

En ligne à Marengo	28,169.
Devant les places	29,676.
TOTAL	**57,845.**

APERÇU DES FORCES AUTRICHIENNES EN ITALIE.

A Alexandrie, sous le Général en chef *Mélas*, environ	45,000, dont 8 à 10,000 de cavalerie.
A Mantoue et sur le Mincio, sous le Général *Wucassowitsch*	6,000.
Sur le Haut-Adige, sous le Général *Dedovitsch*	4,000.
Dans les places, environ	15,000.
TOTAL	**70,000.**

SITE L'A

Le 25 F

PARTE

ALEX. BERTH ommandant
Général en chef

Pannetier, } al de division,
Stabenrath, } Adjudan Génie.

EN

LIEUTENANS-GÉNÉRAUX.	GÉNÉRAUX commandant les Divisions.	ADJUD^TION généra..	Nombre des Batail. ou Escadrons.	FORCE des Corps.	TO^ Div
VICTOR	GARDANNE.	....	3.	1,748.	
		....	3.	1,890.	3,

TOTAL..

BATAILLE DE MARENGO.

> *Per quam..................*
> *Crevere vires, famaque, et Imperî*
> *Porrecta majestas..........*
> HORAT. Od. 15, l. IV.

Tous les plans de campagne de BONAPARTE ont un caractère particulier d'audace et de prudence, que les militaires ne sauraient trop étudier.

Pendant les années 4, 5 et 6, il a conquis toute la partie septentrionale de l'Italie, il a soutenu, avec une armée de trente à quarante mille hommes, les plus grands efforts de l'Autriche, et dans ces trois années il a fait six campagnes.

PREMIÈRE CAMPAGNE.

BONAPARTE attire sous Gênes le général *Beaulieu*, l'attaque sur ses flancs, déborde sa droite, le bat à Monte-Notte; se porte alternativement sur Dégo et sur Mondovi, pousse *Beaulieu* sur Milan, *Colli* sur Turin, soumet le Roi de Sardaigne, passe le pont de Lodi, se rend maître de la Lombardie, traverse le Mincio, investit Mantoue, et en moins de deux mois, des montagnes de Gènes, il plante ses drapeaux sur celles du Tyrol, franchit l'Italie et se trouve sur les confins de l'Allemagne.

On se rappelle encore de quelle surprise, de si brillans succès frappèrent toute l'Europe. Les passions des partis en France, et la rage de nos ennemis, peignaient par-tout ce Général de vingt-six ans, comme un jeune impétueux qui ne tarderait pas à trouver, dans son audace même, sa confusion et sa perte.

SECONDE CAMPAGNE.

Le premier effet de ces succès éclatans fut d'obliger *Wurmser* à évacuer l'Alsace, à repasser le Rhin, pour courir, avec quarante mille hommes, au secours du Tyrol; bientôt il se présente sur l'Adige avec quatre-vingt mille combattans, occupe le Monte-Baldo, pénètre par le val Sabia, et arrive en même temps à Vérone et à Brescia.

A ce nouvel et redoutable ennemi nous ne pouvions opposer plus de trente mille hommes : nous avions nos conquêtes à conserver, et nous assiégions Mantoue qui était sur le point de se rendre, et qui renfermait une garnison de plus de huit mille hommes. C'est dans cette seconde campagne que BONAPARTE se montre supérieur à *Frédéric*, qui s'était trouvé dans une position à-peu-près semblable. Il ne s'obstina pas au siège de Mantoue, comme ce prince au siège de Prague; mais ses résolutions, ses opérations se suivirent avec la même rapidité. L'ennemi, étonné de cette promptitude de mouvemens. ne trouvait jamais au point du jour l'armée française où il l'avait laissée au commencement de la nuit. Par les marches suppléant au nombre, BONAPARTE se montrait toujours presque par-tout supérieur à l'ennemi. Les batailles de Lonato et de Castiglione couronnèrent ces belles et hardies conceptions; et *Wurmser* vaincu, malgré sa nombreuse cavalerie et son immense artillerie, rentra dans les gorges du Tyrol, laissant entre les mains des Français une grande partie de son armée.

Dans tous ces mouvemens qui offriront d'utiles méditations à ceux qui suivent la carrière des armes, BONAPARTE fit connaître que le meilleur moyen de se défendre est souvent celui d'attaquer, et que le génie de la grande guerre est sur-tout l'art de reprendre l'initiative, quand on l'a perdue par les premiers succès de l'ennemi.

Sa réputation fut alors établie dans toute l'Europe; les généraux français de toutes les armées le proclamèrent leur maître, et les vieux compagnons de *Frédéric* annoncèrent, dès ce moment, le héros qui devait reprendre le sceptre de la guerre, vacant depuis sa mort.

TROISIÈME CAMPAGNE.

BONAPARTE avait vaincu, mais après avoir été mis aux plus rudes épreuves ; il en conservait un vif ressentiment. Il se souvenait que *Wurmser* avait plusieurs fois occupé son quartier général, et ne crut pas avoir assez pris sa revanche, en faisant échouer ses projets, et en détruisant une partie de son armée. Après six semaines de repos, il apprend que ce général a reçu des renforts et qu'il fait un mouvement du Tyrol vers la Brenta. Aussitôt il remonte l'Adige, se porte sur Roveredo, bat, dans cette belle journée, la moitié de l'armée autrichienne, s'avance vers Lavis, fait mine de marcher sur Inspruck, et tout-à-coup se dirige le long de la Brenta. Toutes les dispositions des Autrichiens pour s'opposer à ce torrent, sont vaines et sans succès.

BONAPARTE combat l'ennemi, le défait, le poursuit l'épée dans les reins, et le pousse sur l'Adige, qu'il passe à Ronco avant lui.

Wurmser était près de mettre bas les armes, sans un de ces hasards qui se jouent de toutes les combinaisons ; mais malheureux dans son bonheur, la seule retraite que cet événement lui ouvre est dans Mantoue, où il est obligé de se renfermer avec dix mille hommes de cavalerie, plusieurs beaux régimens de cuirassiers, tout l'état-major et le bagage de l'armée.

L'exécution de tous ses mouvemens fut si prompte et la défaite de cette troisième armée si entière, que la cour de Vienne en ignorait encore le sort, lorsqu'elle apprit, par la voix publique, qu'elle n'avait plus d'armée en Italie, que ses frontières étaient dégarnies, et que son général était, avec le débris de ses troupes, enfermé dans la seule place qui lui restât.

Il sera facile de remarquer comment, dans ses opérations hardies, BONAPARTE n'avait rien donné au hasard ; et quoiqu'en apparence ses marches, au premier coup d'œil, puissent étonner, l'on verra, en y réfléchissant, qu'il avait toujours prévu le cas de sa retraite et combiné ses dispositions contre les revers. Les militaires saisiront avec un vif intérêt les rapports nombreux et frappans de cette campagne avec celle de l'armée de réserve; ils verront, dans toutes les deux, BONAPARTE manœuvrer sur la ligne d'opérations de l'ennemi, se placer entre lui et ses magasins, lui intercepter sa retraite et décider d'un seul coup le sort de toute une armée.

QUATRIÈME CAMPAGNE.

ON conçoit facilement combien ces revers multipliés durent irriter la cour de Vienne; n'ignorant pas que BONAPARTE n'avait qu'une poignée de monde, elle résolut de tout tenter pour débloquer son feld-maréchal, ainsi que l'état-major d'une de ses armées, et pour sauver en même temps la place de Mantoue. Ses efforts furent tels, qu'*Alvinzy* eut plus de cinquante mille hommes dans le Frioul, tandis que dans le Tyrol, son lieutenant en avait vingt mille. Dans l'impossibilité de résister à des forces aussi considérables, et de garder un terrain trop étendu pour les siennes, le Général français ne chercha d'abord qu'à arrêter les mouvemens de l'ennemi par différens corps d'observation sur la Brenta. Après plusieurs jours de retard, *Alvinzy* passe la Piave. BONAPARTE est contraint d'évacuer les pays entre la Brenta et l'Adige : à Caldero il essaie de reprendre l'offensive ; mais, dans cette journée, ses efforts ne furent pas heureux, et au même moment, on apprit que les divisions ennemies occupaient la rive droite de l'Adige, et étaient arrivées à Rivoli. L'Italie paraissait perdue sans ressource, et l'on regardait la levée du blocus de Mantoue comme inévitable. A l'appel qui fut fait à Vérone, après la journée de Caldero, les Français n'avaient pas plus de quinze mille hommes ; et lorsqu'à l'entrée de la nuit l'armée défila, l'opinion générale fut qu'on allait continuer la retraite. Cette attente est trompée ; les troupes ont ordre de suivre l'Adige; elles passent à deux heures du matin cette rivière à Ronco, et BONAPARTE donne cette célèbre bataille d'Arcole. Quoique le principal but qu'il se proposait fût manqué dès le commencement de la journée, cette habile manœuvre lui procura l'avantage de forcer l'ennemi à évacuer la belle position de Caldero, de l'attirer dans des marais, de l'obliger à combattre sur des digues où la supériorité du nombre lui était peu avantageuse. Les divisions ennemies, alternativement battues pendant trois jours, découragées, abandonnèrent le champ de bataille, et toute l'armée autrichienne poursuivie, repassa en désordre la Brenta.

BONAPARTE ayant toujours ramené la victoire sous nos drapeaux, le public qui ne juge souvent que par le résultat, a pensé que tout lui avait constamment réussi : cependant les militaires attentifs verront combien de fois les projets les mieux combinés ont tourné contre lui ; mais personne n'a été ni plus prompt, ni plus habile à en substituer de nouveaux, et par-là, à contraindre la fortune à lui devenir favorable.

CINQUIÈME CAMPAGNE.

C'est dans cette cinquième campagne que se donna la bataille de Rivoli et celle de la Favorite, qui amenèrent la prise de Mantoue. Cette bataille de Rivoli fut plus glorieuse pour l'armée que celle de Marengo, puisqu'avec dix-huit mille hommes, BONAPARTE en défit quarante mille, dont vingt-sept mille furent faits prisonniers. Aussi inférieur à l'ennemi et dans un champ de bataille de cinq lieues carrées, c'est-là sur-tout que le chef de l'armée développa le grand art de se montrer supérieur sur tous les points d'attaque. Ce n'est pas à une distance de sept à huit lieues, ni dans un intervalle de trente-six et quarante-huit heures qu'il devance les colonnes autrichiennes ; mais il les bat les unes après les autres, éloignées entre elles de moins d'une heure de chemin. Ces journées si brillantes de Rivoli et de la Favorite, sont le résultat d'une connaissance parfaite du champ de bataille, d'une grande habileté à pénétrer les projets de l'ennemi, et de la promptitude à créer à l'instant même des moyens pour les déjouer.

A Rivoli, la division ennemie qui devait tourner toute l'armée française, arrive en effet sur la position qu'elle devait prendre; mais elle n'y arrive que lorsque les autres divisions de l'armée autrichienne sont défaites, et elle se trouve elle-même enveloppée et prise.

SIXIÈME CAMPAGNE.

MAÎTRE de Mantoue, BONAPARTE marche sur Rome avec cinq mille hommes seulement; et quand l'Europe le croit au-delà de l'Apennin, il signe le traité de Tolentino. Sans se laisser égarer par la vaine gloire d'entrer triomphant au Capitole, sans perdre un moment, il retourne à son armée sur la Piave, et commence sa sixième campagne : c'est-là qu'en moins de deux mois, après avoir battu le *Prince Charles* sur le Tagliamento, sur l'Isonzo et à Tarvis, après avoir passé les Alpes Juliennes, la Drave, la Save et la Muëhr, il oblige la Maison d'Autriche à conclure la paix, au moment où l'armée française était maîtresse de Trieste et de l'Istrie, de la Carniole, de la Carinthie, de la Styrie, et d'une grande partie de l'Autriche antérieure.

Dans le temps où, à vingt-cinq lieues de Vienne, il accordait une suspension d'armes aux généraux *Bellegarde et Meerfeld*, et qu'après l'avoir signée, il traçait la limite des armées, qui n'avait été déterminée qu'après une longue discussion, pour les corps des généraux *Bernadotte* et *Joubert*, il leur dit : *Où croyez-vous, Messieurs, que soit le général* Bernadotte ? *Peut-être est-il arrivé à Fiume*, dit M. de Bellegarde. *Non*, reprit BONAPARTE, *il est dans mon salon, et vous verrez sa division à une demi-lieue d'ici. Mais*, continue-t-il, *où pensez-vous que soit le général* Joubert ? *Peut-être à Inspruck*, répondit M. de Bellegarde,

si

si toutefois il a pu faire tête à la colonne de grenadiers qui arrive de l'armée du Rhin. Eh bien, dit BONAPARTE, *il est aussi dans mon salon, et sa division n'est pas à plus de deux lieues.*

Ces deux réponses étonnèrent d'autant plus les Autrichiens, qu'en ce moment même, leur général venait d'envoyer des détachemens considérables pour soutenir les provinces de la Carniole et du Tyrol par où il croyait que devaient pénétrer les généraux *Bernadotte* et *Joubert*; et c'était pendant que les ennemis se disséminaient ainsi, que BONAPARTE avait réuni dans un espace d'environ six lieues carrées de pays, toutes ses forces, montant à-peu-près à quarante-six mille hommes.

CAMPAGNE D'ÉGYPTE ET DE SYRIE.

BONAPARTE, peu de temps après la paix, partit pour l'Égypte : il se présente devant Malte; la puissance de son nom, la confiance dans son intervention et la vigueur de ses différentes attaques sur tous les points de

B

l'île, ne donnant pas le temps à l'ennemi de respirer, le rendent maître de cette place formidable qui n'avait jamais été prise.

Débarqué en Égypte, dès les premiers jours, il juge du genre de guerre qu'exigent le pays et l'espèce de troupes qui le défendent ; il pressentit la nouvelle tactique qu'il devait y créer.

La bataille des Pyramides, aux portes du Caire, celle du Mont-Tabor, dans le cœur de la Syrie, et celle d'Aboukir, sont toutes les trois d'une conception différente ; il n'y fit aucune faute, et sut appliquer à des circonstances aussi neuves que variées toutes les ressources de l'art de la guerre.

Mais pendant ce temps, nous étions battus à Stockach et sur l'Adige. La France touchait à sa perte, retardée un instant par la victoire de Zurich ; l'Italie était perdue ; et nos armées découragées, sans ensemble dans leur direction comme dans leurs mouvemens, avaient cessé d'être l'épouvante des ennemis du nom français. La guerre civile embrâsait l'ouest et le midi de la France ; nos finances étaient dans le plus grand désordre ; les factions se déchiraient, et un Gouvernement sans force cherchait vainement sa sûreté dans les divisions.

CAMPAGNE DE L'ARMÉE DE RÉSERVE.

BONAPARTE arrive d'Égypte ; l'espérance renaît : le 18 brumaire la justifie, tout se rallie, tout cède au génie qui conçoit, à la puissance qui ordonne, à la modération qui rassure ; mais ce n'était pas assez de ramener l'ordre par les lois, il fallait encore conquérir la paix par la victoire.

Lorsque BONAPARTE fut nommé premier Consul, la dernière des places d'Italie (Coni) venait d'être prise ; nos postes étaient repliés sur le sommet des Alpes ; nous ne possédions plus un pouce de terrain, ni une seule place en Italie ; toute l'Allemagne était évacuée ; nous nous tenions sur la défensive, occupant les places de la rive gauche du Rhin ; les départemens de l'ouest étaient en armes, partout l'ennemi était formidable, et des succès importans qui l'auraient conduit sur les Vosges ou sur l'Escaut, auraient eu, dans le déplorable état de nos affaires, les plus funestes conséquences.

BONAPARTE sentit qu'avant de reconquérir l'Italie, il fallait être sûr de ne pas perdre la Belgique, ni les départemens réunis.

L'Empereur d'Allemagne pouvait adopter un des deux partis ci-après, et il fallait se mettre en mesure également contre tous les deux. Il pouvait réunir ses principales forces dans la Souabe, sur le Bas-Rhin, se présenter sur ce fleuve avec cent soixante mille hommes; et après avoir obtenu les premiers succès, il pouvait se combiner avec une armée anglaise débarquée en Hollande ou en Belgique.

L'armée autrichienne en Italie, renforcée, pouvait se tenir tranquille sur le Pô, prête à recevoir dans la plaine l'armée française, qui n'aurait pu y arriver qu'avec peu de cavalerie et une artillerie mal montée.

Le second projet de campagne de la cour de Vienne pouvait être de rester sur la défensive en Allemagne, et de porter une forte armée sur Gênes, de là sur le Var, entrer en Provence, combiner ses opérations avec quinze mille Anglais qui depuis quelque temps se trouvaient campés à Mahon, et profiter des mouvemens de chouannerie qui commençaient à se faire sentir dans le midi de la France.

Le premier plan de campagne étant le plus dangereux, BONAPARTE fit rassembler sur le Rhin une armée de cent quarante mille hommes, en même temps que, sur ses derrières, il réunit dans la Bourgogne une armée de réserve; il laisse cantonner sur les hauteurs de Gênes les débris de l'armée d'Italie, forte à-peu-près de trente mille hommes.

On verra par ces dispositions, que, quels que fussent les projets de l'ennemi, la France était en mesure de répondre à tout.

Si les Autrichiens adoptaient le premier plan de campagne, BONAPARTE se portait, avec son armée de réserve ; sur celle du Rhin, qui se trouvait forte alors de cent soixante-dix mille hommes ; c'est-à-dire, ses plus grandes forces opposées aux plus grandes forces de l'ennemi.

Si, au contraire, le cabinet de Vienne adoptait le deuxième plan de campagne, notre armée sur le Rhin devenait supérieure à celle de l'ennemi.

Lorsque les Autrichiens se seraient avancés sur Gênes avec leurs principales forces, BONAPARTE aurait fait passer les Alpes à l'armée de réserve, se serait porté sur le Pô, pour prendre l'ennemi à revers, lui enlever ses magasins et lui couper sa retraite.

Les Autrichiens adoptent le deuxième plan de campagne dont on vient de parler, et portent en Italie leur plus forte armée. *Mélas* commence les hostilités, traverse la Bocchetta, se présente en même temps sur Gênes et sur Savone.

L'armée française sur le Rhin profite de sa supériorité, généraux et officiers s'y distinguent autant par leur valeur que par leurs talens ; et elle obtient les plus brillans succès en Souabe.

Cependant *Mélas* était sur le Var, et tout l'État de Gènes était conquis. Des cris d'alarme retentissaient dans la Provence ; Marseille, Toulon même ne se croyaient pas en sûreté.

C'est dans ce moment que l'armée de réserve va passer le Saint-Bernard et prendre à revers toute l'Italie. Ces combinaisons étaient vastes et profondes ; elles avaient été conçues de loin et dans le plus grand calme ; elles furent exécutées avec autant d'habileté que d'audace.

Toutes les mesures avaient été ordonnées de longue main ; deux millions de rations de biscuit avaient, deux mois avant, été confectionnées à Lyon, et supposées destinées pour Toulon.

Tout ce qui devait tromper M. *de Mélas* sur nos desseins avait été prévu.

Aucun mouvement ne se fait, aucune

troupe ne se montre ni dans la vallée de la Maurienne, ni dans celle de la Tarantaise.

Les frontières du Dauphiné n'indiquent aucun préparatif.

L'armée de réserve tant annoncée était supposée rassemblée à Dijon; BONAPARTE s'y rend ; les nombreux émissaires de l'ennemi le suivent ; mais ils ne voient à cette grande revue que trois à quatre mille hommes, et il est naturel que tant de renseignemens parvenus de tous côtés sur le peu de préparatifs des Français, aient trompé la cour de Vienne et M. *de Mélas ;* mais pendant ce temps, les régimens filaient à marches forcées : les divisions se formaient en route, se réunissaient par des marches combinées, et étaient rejointes par les conscrits destinés à compléter les corps qui les composaient; l'artillerie et les autres services s'organisaient de même ; tout avait été préparé avec le même mystère, et s'était mis en mouvement au même signal. Les biscuits et les magasins ne sont transportés à Genève qu'au moment même où l'avant-garde y paraît déjà.

Lorsque M. *de Mélas* eut investi Gènes, il voulut, avant de se porter sur le Var, prendre de nouvelles sûretés contre les préparatifs annoncés de la part des Français : il fit attaquer le Mont-Cénis ; et sur les rapports qui lui furent faits, que de quatre mois il nous était impossible de rien entreprendre, puisque nous n'avions aucun magasin ni aucun rassemblement considérable de troupes, il ne crut devoir rien changer à son plan, et se porta sur Nice.

Cependant il fut prévenu que des troupes françaises paraissaient sur le Saint-Bernard ; mais il crut que c'étaient les trois à quatre mille hommes qui s'étaient trouvés à la revue de Dijon, et qu'ils étaient envoyés pour lui faire abandonner le siége de Gènes, comme, six mois auparavant, un général français avait passé le Saint-Bernard pour le distraire du siége de Coni.

Ces moyens de diversion étant très en

usage à la guerre, M. *de Mélas* crut montrer le véritable caractère d'un général, en se tenant invariablement attaché à ses premiers desseins. Devait-il croire, en effet, que BONAPARTE voulût entrer en Italie, en préférant le Grand-Saint-Bernard au Mont-Cénis, en s'engageant dans des vallées plus difficiles et qui n'offraient aucune ressource ; qu'enfin on pût franchir sur-le-champ l'obstacle du fort de Bard, qui devait arrêter plusieurs jours ?

BONAPARTE sentit que rien ne pouvait décéler son projet que sa présence même ; tout fut mis en œuvre pour persuader qu'il devait rester à Genève : il visita lui-même plusieurs campagnes ; chacun s'empressait à l'envi de lui offrir sa maison : ces nouvelles s'accréditèrent en Suisse. Il fit répandre, peu de temps après, qu'une insurrection qui venait d'éclater à Paris, l'avait forcé de retourner dans cette capitale : *cependant il était déjà au-delà du Grand-Saint-Bernard.*

Nous ne parlerons point ici des moyens

qui furent employés pour faire passer l'artillerie, de l'audace avec laquelle on se joua du fort de Bard, ni de l'escalade de celui d'Ivrée et du combat de la Chiusella; nous nous bornerons à dire que BONAPARTE était à Ivrée le 7 prairial.

Tout le monde crut que, profitant du succès obtenu à la Chiusella, il allait marcher pour se réunir aux deux mille cinq cents hommes que le général *Turreau* venait de rassembler dans les places du Dauphiné, et avec lesquels il s'était porté vers Suze, après avoir forcé le pas de Cabrières.

Par-là BONAPARTE aurait eu l'avantage de se trouver appuyé sur les places et sur les défilés du Mont-Blanc; mais il avait un plan plus vaste, plus décisif.

La division du général *Murat,* qui était arrière-garde, devint tout d'un coup avant-garde ; elle passe la Sesia et le Tésin, entre dans Milan, où BONAPARTE arrive le 12 prairial; et ses mouvemens s'exécutent avec une telle rapidité, qu'il n'y avait pas quarante-huit heures que les habitans avaient entendu parler de l'armée de réserve et du passage des Alpes.

L'avant-garde évacue la Chiusella, passe la Doire, devient arrière-garde, traverse la Sesia et arrive à Pavie, où elle saisit à l'ennemi un parc de son artillerie de campagne.

Dans ce même temps une division aux ordres du général *Moncey* reçoit l'ordre de franchir le Saint-Gothard ; et quand son avant-garde est arrivée à Milan, le corps du général *Murat* passe le Pô, à Plaisance, pendant que toute l'armée traverse ce fleuve à Stradella, où un équipage considérable d'artillerie ennemie fut sur le point d'être pris.

Cependant M. *de Mélas* était accouru en toute hâte à Turin. L'existence de l'armée de réserve et la présence de BONAPARTE reconnu par plusieurs officiers autrichiens, n'était plus révoquée en doute.

Le général *Massena* venait de capituler à Gênes le 15 prairial (4 juin 1800).

C'est ici qu'il devient important de suivre avec attention sur la carte le développement du projet de BONAPARTE, au moment où il touche à son grand résultat.

Ce qu'il se proposait, ce n'était pas simplement de battre l'ennemi, mais de lui couper la retraite et de l'obliger à une capitulation qui le forçât de restituer à-la-fois toutes les places d'Italie.

Ce projet était hardi, sur-tout contre un ennemi numériquement plus fort.

A peine le corps aux ordres du général *Lannes* a-t-il passé le Pô (17 prairial), que BONAPARTE lui donne l'ordre d'occuper la position de Monte-Bello, et le fait soutenir par une division. Une affaire brillante s'engage; le général *Ott*, avec dix-huit mille hommes qui venaient de Gènes, attaque le général *Lannes*, qui le défait entièrement à la glorieuse journée de Monte-Bello. Le général *Ott* ne rallia que la moitié de son corps d'armée sous les murs de Tortone.

RELATION DE LA BATAILLE DE MARENGO.

Bonaparte conserva deux jours sa position de Monte-Bello ; mais étonné de l'immobilité de l'ennemi, et sachant que depuis plusieurs jours il avait rallié ses divisions qui étaient de retour de Nice, il pensa que M. *de Mélas* s'occupait des moyens d'échapper à la position critique où il se trouvait, et dans ce cas le général autrichien devait nécessairement prendre un de ces trois partis.

Le premier était de passer le Pô (il avait à Casal une tête de pont tellement fortifiée par les marais et protégée par la rive droite, qu'il avait été jugé difficile de l'emporter), de franchir ensuite le Tésin, de traverser la Lombardie et d'opérer une jonction sur l'Adda avec le général *Wucassovitsch*. L'armée autrichienne avait un équipage de pont, une artillerie considérable, et plus de douze mille chevaux de charroi.

En second lieu, il pouvait se porter sur

Gênes, se réunir avec le corps de la Toscane et avec une division de douze mille Anglais, regagner ensuite Mantoue, en faisant transporter son artillerie par mer, ou bien profiter de la nature des lieux pour s'y soutenir jusqu'à ce qu'il eût pu recevoir d'Allemagne de nouvelles troupes, et mettre ainsi l'armée de réserve entre deux armées, ce qui aurait traîné la guerre en longueur, amené des événemens incertains, et embarrassé d'autant plus BONAPARTE, que sa présence devenait nécessaire à Paris.

Enfin il restait à l'ennemi, pour troisième ressource, à se porter sur le général *Masséna*, qui, selon tous les calculs, devait être arrivé à Acqui, à l'envelopper avec les dix ou douze mille hommes qu'on lui supposait encore en état de combattre, et, après sa défaite, attendre les nouvelles chances favorables que la guerre de postes et les marches pourraient faire naître.

Afin de parer au premier parti, BONAPARTE avait laissé sur le Pô un corps d'observation de trois mille hommes, qui devait retarder le passage de ce fleuve et de la Sésia, et se rejoindre ensuite au général *Moncey* pour disputer celui du Tésin. On ne doutait pas que ces obstacles opposés à M. *de Mélas* ne donnassent le temps à l'armée de repasser sur la rive gauche du Pô, et d'arriver avant lui sur le Tésin.

A l'égard des deux autres partis que l'ennemi pouvait prendre, BONAPARTE jugea qu'il n'avait qu'à se mettre en mouvement avec son armée, pour agir selon les circonstances.

On était arrivé près de Tortone, lorsque le général *Desaix*, qui d'Égypte avait débarqué à Toulon, vint joindre l'armée à franc-étrier ; il reçoit le commandement d'une division, et sur-le-champ il est envoyé à Rivalta pour servir d'avant-garde et couper le chemin à l'ennemi, dans le cas où il se dirigerait sur Gênes.

BONAPARTE, avec le reste de l'armée, passe la nuit le long de la Scrivia.

Le

Le 24 prairial, à huit heures du matin, il se rend à Castel-Nuovo, et fait battre la plaine de Marengo par la cavalerie légère : il apprend que l'ennemi n'a point de poste à San-Giuliano, ni dans la plaine ; il juge alors devoir se mettre en marche ; il arrive à trois heures après midi : à quatre heures on trouve à Marengo les avant-postes ennemis. Aussitôt il ordonne l'attaque du village. La résistance ne fut pas vive ; Marengo est pris, et l'ennemi acculé sur la Bormida.

BONAPARTE se confirme dans son idée, que, puisque l'ennemi, au lieu de l'attendre dans la plaine de Marengo, avait laissé prendre le village, c'est qu'il était décidé à suivre un des trois partis dont il a été fait mention.

L'avant-garde reçoit l'ordre de repousser les postes ennemis au-delà de la Bormida, et, s'il est possible, d'en brûler les ponts.

Cet ordre donné, BONAPARTE part pour se rendre au quartier général à Voghera, où il devait recevoir les rapports de tous les postes de son armée et ceux des espions; il espérait, par les mouvemens de l'ennemi, deviner ses véritables pensées; mais, à peine arrivé à la tour de Garafolla, il reçoit des nouvelles de Rivalta et du Pô. Il s'arrête dans cette ferme le reste de la nuit.

Cependant l'ennemi passa celle du 25 dans la plus grande agitation. Il sentit combien sa position était pénible, et quelle faute il avait faite de laisser prendre Marengo; mais, croyant tout projet de retraite désormais trop tardif, et l'armée française trop près pour lui permettre d'échapper par le Pô ou par Gênes, il prend la noble résolution de s'ouvrir un passage à travers notre armée, et, dans ce dessin, son premier effort dut être de reprendre Marengo.

En effet, l'armée autrichienne débouche dès six heures du matin par ses ponts de la Bormida, et elle porte le gros de sa cavalerie, sous les ordres du général *Elnitz*, sur sa gauche : son infanterie était composée des deux lignes aux ordres des généraux *Haddick* et *Kaim*, et d'un corps de grenadiers commandé par le général *Ott*.

L'armée française se trouvait en échelons par division, la gauche en avant ; la division *Gardanne* formait l'échelon de gauche à la cassine Pedrabona, la division *Chambarlhac* le second échelon à Marengo, et la division du général *Lannes* formait le troisième, tenant la droite de la ligne et en arrière de la droite de la division *Chambarlhac;* les divisions *Carra-Saint-Cyr* et *Desaix* en réserve, la dernière en marche venant de Rivalta d'où elle avait été rappelée aussitôt que le projet de l'ennemi avait été connu.

Le lieutenant général *Murat*, commandant la cavalerie, avait placé la brigade *Kellermann* sur la gauche, celle de *Champeaux* sur la droite, et le vingt-unième régiment de chasseurs, ainsi que le douzième de hussards, à Salé, sous les ordres du général de brigade *Rivaud*, pour surveiller les mouvemens de l'ennemi sur le flanc droit, et devenir au besoin le pivot de la ligne.

Les lignes autrichiennes, après quelques escarmouches d'avant-poste, se mirent en mouvement à huit heures du matin, attaquèrent la division *Gardanne,* qui, après avoir soutenu, avec la quarante-quatrième et la cinquante-unième demi-brigade, un combat vif et meurtrier, dut se retirer sur le village de Marengo.

Le corps de *Kaim* continua alors son mouvement, franchit le ruisseau et s'étendit sur la gauche ; celui de *Haddick* se déploya ; mais son aile droite dut combattre pour se prolonger en obliquant sur la droite, parce que quelques troupes légères de la division *Gardanne* s'étant jetées avec une pièce de canon dans la cassine Stortigliana, attaquèrent et mirent en désordre les têtes de ses premières colonnes qui remontaient la Bormida pour déborder la gauche de l'avant-garde française.

Le village de Marengo devenait le centre de l'attaque. Le général *Victor* reçut l'ordre de le défendre le plus long-temps qu'il serait possible, mais sans chercher à reprendre la position qu'avait occupée la division *Gardanne*, qui fut placée sur la droite du village, s'appuyant au ruisseau et à des terrains marécageux.

La grande supériorité des Autrichiens leur permettait d'attaquer le village avec des forces considérables, en même temps que la droite du général *Haddick* s'étendait pour déborder la gauche des Français, et que la division du général *Kaim* cherchait à se déployer sur la gauche de Marengo, pour dépasser notre droite.

En ce moment le corps du général *Oreilly*, de la division *Haddick*, aborde la division *Chambarlhac;* la vingt-quatrième demi-brigade légère et les deux bataillons de la quatre-vingt-seizième de ligne soutiennent le choc. Les deuxième et vingtième régimens de cavalerie et le sixième de dragons s'avancent et chargent avec succès la première ligne ennemie; mais la seconde prend part à l'action; alors Marengo est attaqué avec une nouvelle fureur, et défendu avec la même intrépidité; la gauche seule du général *Chambarlhac*, sur laquelle arrive le gros du corps d'*Oreilly*, est ébranlée.

Le général *Lannes* était arrivé sur la ligne à la hauteur des premiers échelons., et formait la droite avec la division *Watrin* et la brigade *Mainony;* il attaque un corps de la division *Kaim* qui se trouve devant lui, et qui était en marche sur Castel-Ceriolo; mais débordé bientôt par cette division entièrement déployée, il est forcé de soutenir les attaques les plus vives tant d'infanterie que de cavalerie ; il les repousse avec vigueur à la tête de la sixième demi-brigade légère et des vingt-deuxième, vingt-huitième et quarantième de ligne. La brigade de cavalerie commandée par le général *Champeaux*, et destinée à flanquer le corps du général *Lannes*, reçoit ordre de charger pour en soutenir la droite; elle exécute cette charge avec le premier et le huitième régiment de dragons, et le général *Champeaux* reçoit une blessure mortelle.

Le général *Lannes* contient l'ennemi sur le ruisseau à la Barbotta, et appuie ainsi la brillante défense que faisait à Marengo la division *Gardanne*. Ce village si vivement disputé était encore en notre pouvoir. Plusieurs fois les Autrichiens y entrent avec fureur, mais ne peuvent s'y établir : nos troupes, par des prodiges de valeur, conservent cet important appui du centre de la ligne.

Cependant le général *Elnitz*, commandant la cavalerie ennemie, longe la Bormida, dépasse Castel-Ceriolo, déborde toute notre droite et se déploie par escadron entre la cassine la Buzana et notre première ligne.

Sa manœuvre tendait évidemment à prendre notre première ligne à dos, ce qui pouvait être décisif en faveur de l'armée autrichienne. Mais BONAPARTE avait déjà fait entrer dans son plan les moyens de déjouer cette manœuvre dangereuse, et, dès dix heures du matin, les mouvemens de toute cette journée étaient décidés dans sa pensée.

Il avait ordonné à la deuxième ligne ou

réserve de marcher par échelons, la droite en avant; le général *Carra-Saint-Cyr*, qui commandait l'échelon de droite, n'était pas encore à la hauteur de la première ligne: BONAPARTE y place sur-le-champ les grenadiers de sa garde avec leurs canons, pour arrêter les mouvemens du général *Elnitz*. Isolés à plus de trois cents toises de la droite de notre ligne, ils paraissent une redoute de granit au milieu d'une plaine immense.

La cavalerie ennemie les entoure: on vit alors tout ce que peut l'infanterie d'élite. Plusieurs escadrons sont rompus, et le temps que la cavalerie ennemie perd dans ses faux mouvemens, donne au général *Carra-Saint-Cyr* celui d'arriver à la hauteur des grenadiers; il les dépasse et se porte sur Castel-Ceriolo, après avoir repoussé les charges de la cavalerie qui veut s'opposer à sa marche sur ce village, où il parvient à s'établir en délogeant les chasseurs tyroliens et ceux du Loup, vainement secourus par les grenadiers de *Morzini*.

Le deuxième échelon de la réserve, commandé par le général *Desaix*, était en marche pour se placer en arrière de la gauche du premier, et à grande distance, à la hauteur de San-Giuliano.

Dès l'instant que BONAPARTE voit que la division du général *Carra-Saint-Cyr* est établie dans Castel-Ceriolo, il ordonne à la première ligne la retraite, par échelons, la gauche en avant. Les échelons de gauche de la ligne exécutent ce mouvement au pas ordinaire, tandis que les échelons du centre le font au très-petit pas, et seulement après que les premiers (ceux de gauche) ont pris leur distance.

Le général ennemi apprécie mal cette manœuvre, et croit l'armée en pleine retraite, lorsqu'en réalité, elle ne fait qu'un mouvement de conversion. Il cherche avec une nouvelle confiance à exécuter son projet de tourner notre gauche et de nous couper le chemin de Tortone; c'est dans ce dessein qu'il forme cette colonne de cinq mille grenadiers qui se porte sur la grande route, afin de prévenir et d'empêcher le ralliement des corps de l'armée française qu'il suppose en désordre.

Cependant, pendant les quatre heures que notre armée mit à faire ce mouvement de conversion, elle offrit le spectacle le plus majestueux et le plus terrible.

L'armée autrichienne dirigeait ses principales forces sur notre centre et sur notre gauche; elle suivait le mouvement de retraite de la première ligne, laissant à sa cavalerie le soin de déborder notre droite au-delà de Castel-Ceriolo.

Nos échelons faisaient leur retraite en échiquier par bataillon dans le silence le plus profond; on les voyait sous le feu de quatre-vingts pièces de canon, manœuvrer comme à l'exercice, s'arrêter souvent, et présenter des rangs toujours pleins, parce que les braves se serraient, quand l'un d'eux était frappé.

BONAPARTE s'y porta plusieurs fois pour

donner au général *Desaix* le temps de prendre la position qui lui était désignée. Il distingua sur-tout dans ce mouvement de conversion, qui en fut un véritable de retraite pour la première ligne, l'ordre et le sang-froid de la division commandée par le général *Lannes*.

Cependant les échelons de gauche de la première ligne arrivent à la hauteur de San-Giuliano, où le général *Desaix* était placé. Ils continuent leur retraite, et se placent sur la gauche en arrière, s'arrêtent alors et reprennent haleine. Toute notre cavalerie et quinze pièces de canon étaient masquées derrière des vignes, et placées dans les intervalles des régimens du général *Desaix*, dont les premier et troisième bataillons étaient en colonne derrière les ailes du second déployé en bataille. L'attaque continuait à être extrêmement vive entre les deux armées.

Au milieu de ces mouvemens si compliqués, et dans la chaleur d'une bataille si opiniâtre, il devenait difficile de saisir les rapports des dispositions rapides et variées qui s'exécutaient ; mais la confiance en la victoire fut toujours entière dans la tête du chef qui les dirigeait, bien que les Autrichiens parussent eux-mêmes en avoir la certitude.

Revenons sur la position des deux armées après ce mouvement. Le premier échelon de la seconde ligne de réserve, commandée par le général *Carra-Saint-Cyr*, occupait Castel-Ceriolo. Il s'était barricadé dans le village, et tenait en respect la cavalerie ennemie qui était aussi menacée sur la route de Salé. Les grenadiers de la garde étaient placés diagonalement en arrière sur la gauche de Castel-Ceriolo, l'échelon du général *Lannes* diagonalement en arrière sur la gauche des grenadiers.

Le général *Desaix* était posté devant San-Giuliano, diagonalement en arrière sur la gauche du général *Lannes*, avec quinze pièces d'artillerie. Toute notre cavalerie était placée en colonnes dans les intervalles, afin de profiter du premier mouvement favorable pour agir, le corps du général *Victor* diagonalement en arrière sur la gauche du général *Desaix*.

Il était six heures du soir, BONAPARTE arrête le mouvement de retraite dans tous les rangs ; il les parcourt, s'y montre avec ce front serein qui présage la victoire, parle aux chefs, aux soldats, et leur dit que pour des Français c'est avoir fait trop de pas en arrière, que le moment est venu de faire un pas décisif en avant : *Soldats*, ajoute-t-il, *souvenez-vous que mon habitude est de coucher sur le champ de bataille.*

Au même instant, il donna l'ordre de marcher en avant, l'artillerie est démasquée, elle fait pendant dix minutes un feu terrible : l'ennemi étonné s'arrête; la charge battue en même temps sur toute la ligne, et cet élan qui se communique comme la flamme au cœur des braves, tout ajoute en ce moment à l'ardeur qu'inspire la présence d'un chef qui jamais ne leur promit vainement la gloire.

La division *Desaix*, qui n'avait pas encore combattu, marche la première à l'ennemi, avec cette noble assurance que lui inspire le desir de donner à son tour des preuves de cette valeur brillante qu'avaient montrée les autres divisions; elle est fière de suivre un général dont le poste fut toujours celui du péril et de l'honneur. Une légère élévation de terrain couverte de vignes dérobait à ce général une partie de la ligne ennemie; impatient, il s'élance pour la découvrir; l'intrépide neuvième légère le suit à pas redoublés. L'ennemi est abordé avec impétuosité, la mêlée devient terrible; plusieurs braves succombent, et *Desaix* n'est plus: son dernier soupir fut un regret vers la gloire, pour laquelle il se plaignit de n'avoir pas assez vécu.

Les regrets de BONAPARTE furent les premiers tributs d'honneur payés à sa mémoire; sa division, passée aux ordres du général *Boudet*, jalouse de venger son général, charge avec impétuosité l'ennemi, qui, malgré sa vive détermination, ne pouvant tenir contre nos baïonnettes, se renverse sur la colonne de grenadiers qui le suivait, et qui déjà était arrivée à Cassina-Grossa, où elle attaquait nos éclaireurs.

Les Autrichiens surpris s'arrêtent ébranlés : c'est alors que se montrèrent dans tout leur jour la profondeur et l'habileté des dispositions précédemment faites.

L'ennemi, qui avait dépassé sur notre gauche la ferme de la Ventolina, et qui se croyait au moment de nous couper la retraite; est tourné lui-même par sa gauche; les divisions qui s'étendent de Castel-Ceriolo à San-Giuliano, prennent ses lignes en flanc ; ses bataillons entendent la fusillade de tous les côtés à-la-fois, sur le devant, sur le flanc gauche et sur le derrière. A peine la division *Desaix* a-t-elle poussé et mis en retraite la droite des Autrichiens, à peine ceux-ci commencent-ils à exécuter ce mouvement, qu'ils entendent le bruit de notre feu qui déjà leur semble partir de dessus les ponts de la Bormida et du village de Marengo.

Dans ce moment BONAPARTE ordonne à la cavalerie qu'il avait conservée en réserve, en arrière de la droite de la division *Desaix*, de passer au galop par les intervalles, et de charger avec impétuosité cette formidable colonne de grenadiers, déjà ébranlée par la division *Desaix*.

Cette manœuvre hardie s'exécute à l'instant, avec autant de résolution que d'habileté. Le général *Kellermann* se porte au galop hors des vignes, se déploie sur le flanc gauche de la colonne ennemie, et par un quart de conversion à gauche, lance sur elle la moitié de sa brigade, tandis qu'il laisse l'autre moitié en bataille pour contenir le corps de cavalerie ennemie qu'il avait en face et lui masquer le coup hardi qu'il allait porter.

En même temps les grenadiers et les chasseurs de la garde renversaient sur la droite tout ce qui était devant eux ; le général

Watrin attaque avec une nouvelle audace ; le général *Carra-Saint-Cyr* envoie, de Castel-Ceriolo, des tirailleurs le long du ruisseau et des marais jusqu'auprès de Marengo.

Le général de cavalerie *Rivaud*, faisant un mouvement décidé, avait sur la route de Salé ses avant-postes déjà engagés avec ceux du général *Elnitz*; et le gros de la cavalerie autrichienne contenu ainsi à l'extrémité de notre droite, laissait sa ligne d'infanterie sans appui dans la plaine.

L'armée française franchit en trois quarts d'heure le grand espace qu'elle avait défendu pendant quatre heures.

La cavalerie ennemie pressée par le général *Rivaud*, fusillée des haies de Castel-Ceriolo, se hâte d'accourir au secours de son infanterie; l'ennemi se rallie, et arrivé à Marengo, conserve le projet de garder ce village.

La division du général *Boudet*, qui veut avoir la gloire de reprendre Marengo, fait une dernière charge avec cette vigueur qui avait marqué les premières.

D

Le corps du général *Victor*, qui revenait sur des lieux où il avait si bien combattu, la soutient. L'ennemi qui se voit forcé de renoncer à vaincre veut prouver qu'il en était digne, et montre, dans ce dernier combat, toute l'énergie que l'honneur peut donner; mais la victoire toute entière s'élance dans les rangs français ; les Autrichiens fatigués et affaiblis doivent céder, et nos troupes rentrent avec eux dans Marengo qu'ils évacuent pour se porter sur leurs ponts de la Bormida.

Au nord de Marengo, le général *Lannes* attaquait un corps de réserve ; il n'éprouvait pas moins de résistance et n'avait pas moins de succès ; il s'empare de quelques pièces de canon. Un corps de la réserve de la cavalerie ennemie se disposait à charger la droite de la division *Boudet;* mais le général *Bessières*, commandant les grenadiers et les chasseurs à cheval de la garde, saisit cette occasion de gloire ; et jaloux de donner à la troupe d'élite qu'il commande, l'honneur de la dernière charge, il prévient l'ennemi, s'élance, fait plier ce corps et le jette en désordre sur le ruisseau ; il découvre par-là le flanc de l'infanterie et détermine la retraite générale, en portant le trouble et l'effroi dans les rangs ennemis.

Le jeune *Beauharnais* faisant briller à la tête des chasseurs l'impétuosité de son âge réunie à l'expérience d'un guerrier consommé, montrait dès-lors qu'il était digne des destinées qui l'attendaient.

La nuit couvrait déjà la plaine, les débris de l'armée autrichienne en profitent pour repasser les ponts ; et les Français, au milieu de leurs sanglans trophées, bivouaquent sur la position qu'ils occupaient avant la bataille.

Les Autrichiens eurent dans cette journée, quatre mille cinq cents morts, huit mille blessés et sept mille prisonniers ; ils perdirent douze drapeaux et trente pièces de canon.

Les Français eurent onze cents hommes tués, trois mille six cents blessés et neuf cents prisonniers.

Le lendemain à la pointe du jour, nos grenadiers attaquent les avant-postes que l'ennemi avait laissés à la tête de pont de la Bormida. Mais un parlementaire se présente, et annonce que le général *Mélas* demande à envoyer un officier de son état-major à BONAPARTE.

Après la première conférence, le général *Berthier* reçoit des instructions; il est investi, par BONAPARTE, des pouvoirs nécessaires pour traiter; il se rend à Alexandrie.

Quelques heures après il présente à l'acceptation de BONAPARTE la capitulation suivante, signée par M. *de Mélas*:

CONVENTION entre les Généraux en chef des Armées française et impériale en Italie.

ARTICLE PREMIER.

Il y aura armistice et suspension d'hostilités entre l'armée de S. M. I. et celle de la République française en Italie, jusqu'à la réponse de la Cour de Vienne.

ART. II.

L'armée de S. M. I. occupera tous les pays compris entre le Mincio, la Fossa-Maestra et le Pô;

c'est-à-dire, Peschiera, Mantoue, Borgo-Forte, et depuis là, la rive gauche du Pô ; et à la rive droite, la ville et citadelle de Ferrare.

Art. III.

L'armée de S. M. I. occupera également la Toscane et Ancône.

Art. IV.

L'armée française occupera les pays compris entre la Chiesa, l'Oglio et le Pô.

Art. V.

Le pays entre la Chiesa et le Mincio ne sera occupé par aucune des deux armées. L'armée de S. M. I. pourra tirer des vivres des pays qui faisaient partie du duché de Mantoue. L'armée française tirera des vivres des pays qui faisaient partie de la province de Brescia.

Art. VI.

Les châteaux de Tortone, d'Alexandrie, de Milan, de Turin, de Pizzighettone, d'Arona, de Plaisance, seront remis à l'armée française, du 27 prairial au 1.er messidor [ou du 16 juin au 20 du même mois].

Art. VII.

La place de Coni, les châteaux de Ceva, Savone,

la ville de Gènes, seront remis à l'armée française, du 16 au 24 juin [ou du 27 prairial au 5 messidor].

Art. VIII.

Le fort Urbain sera remis le 26 juin [7 messidor].

Art. IX.

L'artillerie des places sera classée de la manière suivante : 1.° toute l'artillerie des calibres et fonderies autrichiennes appartiendra à l'armée autrichienne ; 2.° celle des calibres et fonderies italiennes, piémontaises et françaises, à l'armée française : 3.° les approvisionnemens de bouche seront partagés ; moitié sera à la disposition du commissaire ordonnateur de l'armée française, et moitié à celle du commissaire ordonnateur de l'armée autrichienne.

Art. X.

Les garnisons sortiront avec les honneurs militaires, et se rendront, avec armes et bagages, par le plus court chemin, à Mantoue.

Art. XI.

L'armée autrichienne se rendra à Mantoue par Plaisance en trois colonnes ; la première, du 27 prairial au 1.ᵉʳ messidor [du 16 au 20 juin] ; la seconde, du 1.ᵉʳ messidor au 5 messidor [ou du 20 au 24 juin]; la troisième, du 5 au 7 messidor [ou du 24 au 26 juin].

Art. XII.

Messieurs le général de *Saint-Julien*, *de Schvertinck*, de l'artillerie; *de Brun*, du génie; *Telsiegé*, commissaire des vivres; et les citoyens *Dejean*, conseiller d'état, et *Daru*, inspecteur des revues, l'adjudant général *Léopold Stabenrath*, et le chef de brigade d'artillerie *Mossel*, sont nommés commissaires à l'effet de pourvoir à l'exécution des articles de la présente convention, soit à la formation des inventaires, aux subsistances et aux transports, soit pour tout autre objet.

Art. XIII.

Aucun individu ne pourra être maltraité pour raison de services rendus à l'armée autrichienne, ou pour opinions politiques : le général en chef de l'armée autrichienne fera relâcher les individus qui auraient été arrêtés dans la République cisalpine, pour opinions politiques, et qui se trouveraient dans les forteresses sous son commandement.

Art. XIV.

Quelle que soit la réponse de Vienne, aucune des deux armées ne pourra attaquer l'autre qu'en se prévenant dix jours d'avance.

Art. XV.

Pendant la suspension d'armes, aucune armée ne fera des détachemens pour l'Allemagne.

Alexandrie, le 26 prairial, an 8 de la République française [15 juin 1800].

Signé ALEXANDRE BERTHIER,

MÉLAS, *Général de cavalerie.*

APRÈS la bataille de Marengo, les préliminaires de paix furent signés à Paris par le général *Saint-Julien* ; mais l'Empereur d'Allemagne, livré aux conseils d'un ministre vendu à l'Angleterre, refusa de les ratifier, et on eut recours aux armes. L'armée du Rhin était dans le cœur de la Bavière, l'armée d'Italie était sur l'Adige, l'une et l'autre bien approvisionnées et animées du sentiment de la victoire.

BONAPARTE réunit encore à cette époque une nouvelle armée de réserve à Dijon ; mais ici sa tactique fut toute différente de la première. Il forma cette armée de cinq divisions fortes seulement d'environ huit mille hommes d'infanterie et de quatre régimens de cavalerie. Le général *Macdonald* qui en eut le commandement, reçut l'ordre de marcher dans le pays des Grisons. L'ennemi comptant le nombre des soldats par celui des divisions, et se rappelant tout ce qu'avait fait la première armée de réserve, regarda celle-ci comme destinée à conquérir le Tyrol. Il ne crut pas trop faire en envoyant un corps de trente mille hommes pour lui résister, et ce mouvement affaiblit, sur l'Inn, son armée, qui fut ensuite complètement battue dans la belle journée d'Hohenlinden par le général *Moreau*.

Là se distinguèrent aussi les généraux *Richepanse*, *Leclerc*, morts depuis sur le champ d'honneur, et la gloire conservera les noms de tous ceux qui guidaient au sein de l'Allemagne nos brigades victorieuses. Les préliminaires furent signés, et la suspension d'armes avec l'Autriche permit à l'armée du Rhin de s'étendre jusqu'à Léoben, et d'embrasser à sa droite une partie des conquêtes que Bonaparte avait faites en l'an 5. Ainsi, avec huit mille hommes, la plupart de nouvelle levée, la seconde armée de réserve a tenu en échec trente mille hommes d'élite, et, *en moins de deux ans, la paix fut deux fois conclue sous Vienne.* Ces exemples font assez connaître à quelques puissances combien il serait encore plus dangereux pour elles, aujourd'hui que nos soldats sont plus nombreux, plus aguerris et mieux pourvus, d'écouter les insinuations de l'Angleterre, ou de prêter l'oreille à des ministres vendus à cette puissance, et tout prêts à entraîner leurs maîtres dans une guerre désastreuse. Les larmes que cette guerre ferait verser sur le continent, seraient un sujet de joie pour l'Angleterre qui aurait attiré sur les peuples tant de maux, et des maux si irréparables.

En même temps Bonaparte fit passer le Mont-Cénis à un corps de dix mille hommes qui avaient été d'abord réunis à Amiens, ensuite cantonnés à Dijon; et il en donna le commandement au général *Murat;* ce corps,

(59)

celui du général *Macdonald*, et l'armée du général *Brune* en Italie, composaient une force bien supérieure à celle des Autrichiens. BONAPARTE voulait commander lui-même, et faire une seconde fois ce qu'il avait fait dans sa sixième campagne, franchir le Tagliamento, la Drave, la Save et la Muëhr, et traverser la Carniole ; détacher le général *Murat* avec un corps de huit mille hommes de cavalerie, vingt-cinq mille d'infanterie et cinquante pièces de canon..... Mais il ne nous est pas permis de parler d'un plan de campagne qui n'a point reçu son exécution.

IMPRIMÉ

Par les soins de J. J. MARCEL, Directeur général de l'Imprimerie impériale, Membre de la Légion d'honneur.

ERRATA

Du Tableau de situation de l'Armée de réserve.

Subdivision à droite du Tableau.

4.ᵉ *Colonne, intitulée* GÉNÉRAUX DE BRIGADE, *ajoutez entre les noms* Gobert *et* Lechy, *ceux* Digonet *et* Chabert. (Ils commandaient chacun deux demi-brigades de la division Lapoype.)

Même colonne, après le nom Lechy, *ajoutez celui* Vignolle. (Il commandait les troupes employées au blocus du château de Milan.)

5.ᵉ *Colonne, intitulée* COMMANDANS DES CORPS, *et ligne 14, ajoutez* Vergez.

7.ᵉ *Colonne, intitulée* DÉSIGNATION DE L'ARME, *et ligne 14;* légère, *lisez* de ligne.

10.ᵉ *Colonne, intitulée* TOTAUX PAR DIVISION &c., *et ligne 4;* 3,300, *lisez* 2,250.

Même colonne, et ligne 5; 3,373, *lisez* 3,314.

Même colonne, et ligne 8; TOTAL de l'infanterie, 24,964, *lisez* TOTAL de l'infanterie, 23,855.

Dans l'article RÉCAPITULATION, qui termine cette subdivision; Infanterie, 24,964, et TOTAL, 29,676, lisez Infanterie, 23,855, et TOTAL, 28,567.

Subdivision à gauche du Tableau.

10.ᵉ *Colonne, intitulée* TOTAUX PAR DIVISION &c. *et* 2.ᵉ *ligne*, 5,287, *lisez* 5,288.

Même colonne, et ligne 7; TOTAL de l'infanterie, 23,791, *lisez* TOTAL de l'infanterie, 23,792.

Dans l'article RÉCAPITULATION, qui termine cette subdivision; Infanterie, 23,791, et TOTAL, 28,169, lisez Infanterie, 23,792, et TOTAL, 28,170.

Dans l'article RÉCAPITULATION GÉNÉRALE, qui termine le tableau; En ligne à Marengo, 28,169, Devant les places, 29,676, et TOTAL, 57,845, lisez En ligne à Marengo, 28,170, Devant les places, 28,567, et TOTAL, 56,737.

POSITIONS
Occupées en Italie le jour de la Bataille par les Armées

Française		Autrichienne	
Le Fort de Bard		à Alexandrie	le C.t en chef Mélas avec une armée de 40,000 hom.s composée des Div.ns d'Ott, d'Elnitz, de Haddick et de Kaim.
Ivrée	Occupée		
Chivas	par		
Crescentino	la Division		
Trino	Chabran	Valence	
Verceil		Casale	
devant Arona	la Div.on Bethencourt	Verrue	Occupée
dev.t le Chât. de Milan	la Div.on Gilly	Turin	
à Crema	la Div.on Lorges	Ceva	par
à Brescia	la Légion Italique	Coni	
à Cremone		Savone	les troupes
dev.t le Chât. de Plaisance	le Lieut.t G.al Duhesme	Gênes	
dev.t Pizzighettone	avec la Div.on Loison	Gavi	Autrichiennes.
à Castel S.t Jean		Tortone	
à Pavie	la Div.on Lapoype	Bobbio	
à Salé	la B.de de Cast. Verand	Parme	
à Torre di Garofolo	le G.al Ch.f de la Div.on Monnier	Mantoue	les G.aux Wucassowitsch
en avant de S.t Giuliano	le Lieut.t G.al Lannes avec la Div.on Watrin	Peschiera	en Garnison
à Marengo	le L.t G.al Victor avec les Div.ons Gardanne, Chambarlhac et les Brigades de Cav.ie de Kellermann et Champeaux	le haut Addige Vessona sur les frontières du Tyrol	Dedowitsch le G.al Laudon.
à Rivalta	le Lieut.t G.al Desaix avec la Div.on Boudet	le Chât. de Plaisance Pizzighettone le Chât. de Milan le Fort d'Arona	Occupés par les Autrichiens et assiégés ou bloqués par les Français.
à Cassino, Acqui, Spigno	le G.al Massena avec le G.al Suchet		
Degout en avant de Savone			
à Bussolino près Suze	la Division Turreau		

SIGNES CONVENTIONELS

- Villes occupées par les français.
- Marche du Q.r G.al français.
- Marche des Colonnes françaises.
- Villes occupées par les Autrichiens.
- Marche des Colonnes autrichiennes.
- Villes assiégées par les français.

Echelles.
de 2 Millimètres pour 3000 Mètres (1/500,000)

environ 2 Lignes pour 3000 Toises

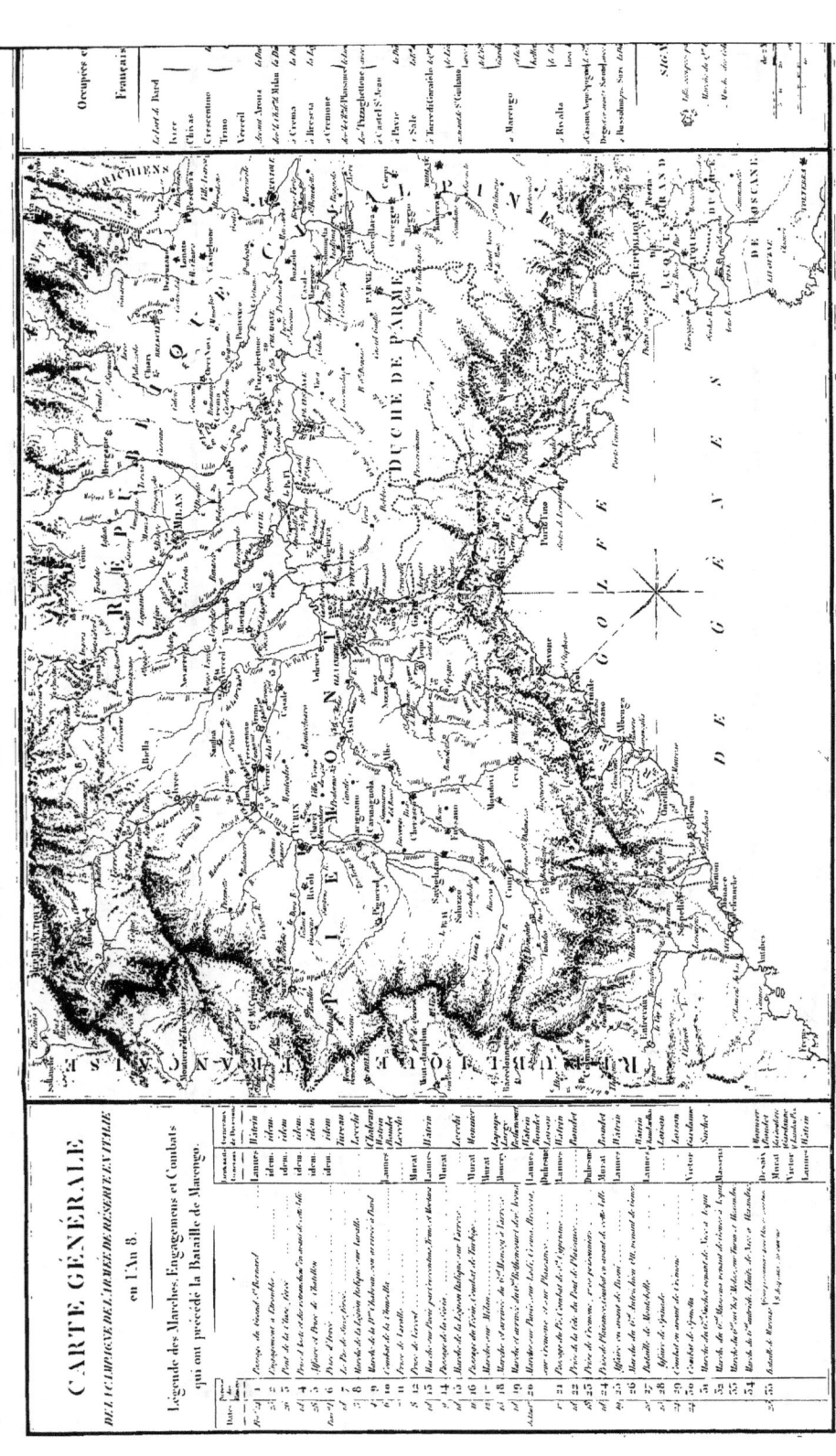

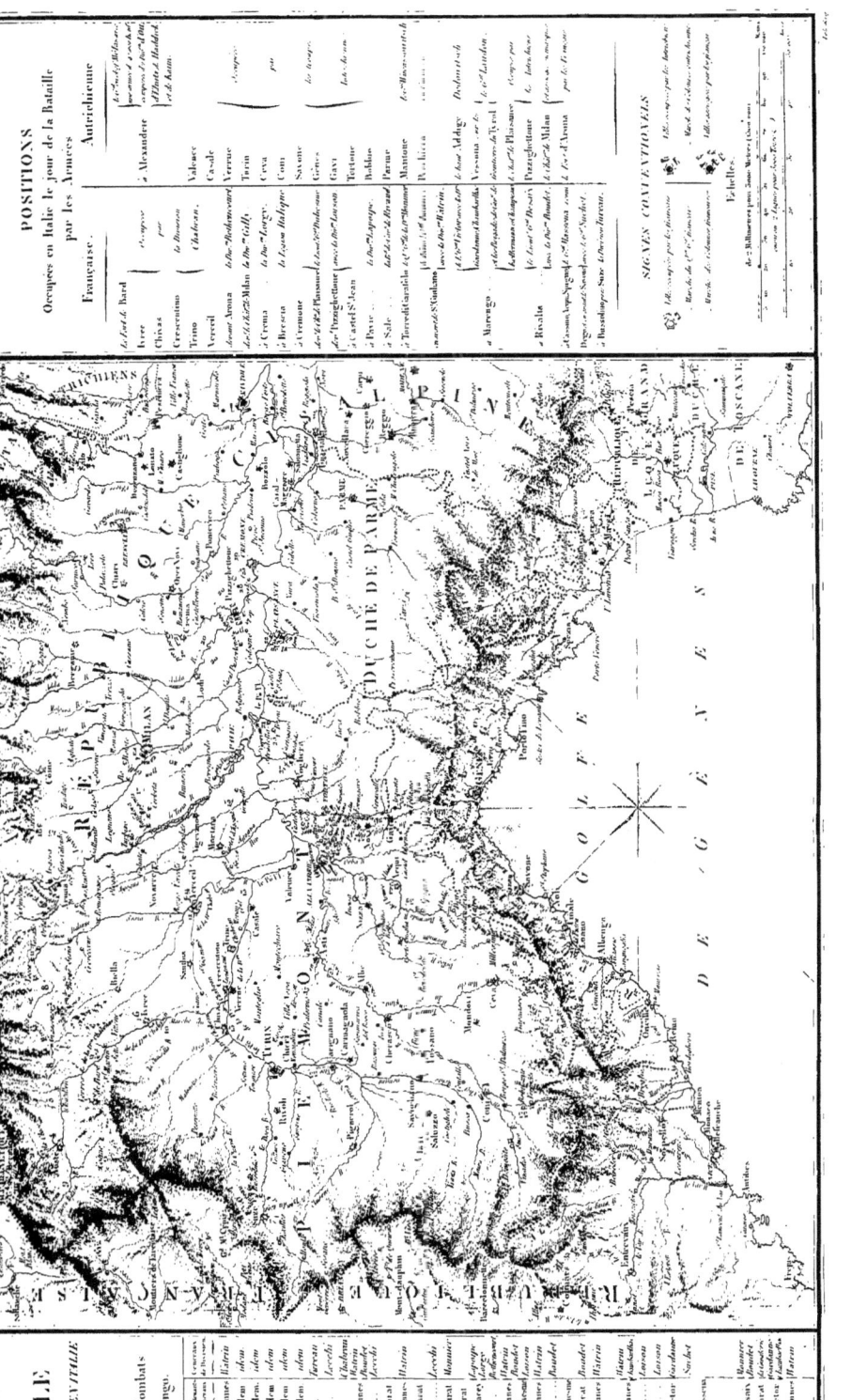

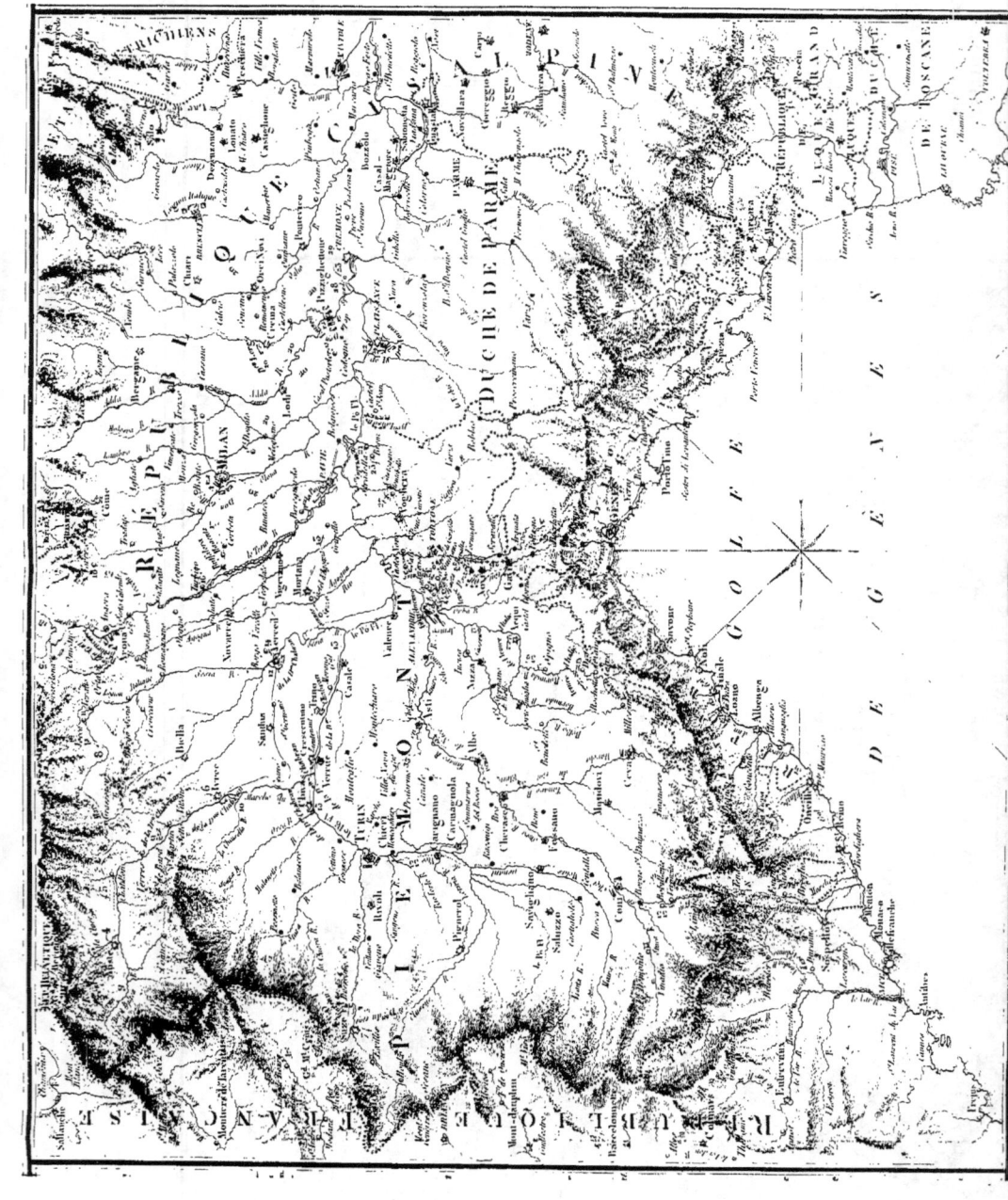

BATAILLE DE MARENGO
1re PLANCHE.

L'armée le 14 Juin, avant quand à l'époche de ses postes de Marengo, et exposée du poste de Pedra-Buona, la division Gardanne, qui forme l'avant-garde de l'armée française, se déploie sur deux lignes, la droite sous le général Hadduck, appuyée à la Bormida, et la gauche sous le général Kaim, se prolongeant obliquement sur les bords du Russone.

Ses manœuvres s'indiquent ainsi: le général Elnitz, se porte en colonne au bord de Castel-Ceriolo; il est suivi des chasseurs Tyroliens et du Loup-Kostaux à occuper ce village, soutenu par une partie des tirailleurs de la Réserve.

Le second corps marche en colonne sur la grande route, sous le commandement du général Ott.

Le 3e sous les Français Chambarlhac et Gardanne, sous le commandement du général Victor, sont en position sur la droite du ruisseau de Marengo, occupant pied à ses villages. Leur droite est soutenue par la brigade de tirailleurs du général Champeaux, et leur gauche par celle du général Kellermann.

La division Watrin, et la brigade d'infanterie du général Mainoni arrivent à la droite de cette première ligne sous les ordres du lieutenant-général Lannes.

Une l'artillerie a commencé son feu ainsi que la mousqueterie des avant-postes.

La tête de Bonaparte est en réserve, en avant de la ferme de Bozzuno.

La division Monnier, sur la droite en réserve, marche en colonne, et déjà parvenu sur la route de San-Giuliano, la cavalerie de la division Desaix.

Ces mouvements ont lieu du 8 à 9 heures du matin.

EXPLICATION DES SIGNES.

Troupes Françaises	Infanterie de ligne		
	Infanterie légère		
	Cavalerie		
	Dragons		
	Chasseurs		
	Hussards		
	Quartier-général		
Troupes Autrichiennes	Infanterie		
	Cavalerie		
	Marche en avant		
	Marche en retraite		
	Ligne d'Ilsebau		

Échelles.

de 2 Millimètres pour un Mètre.

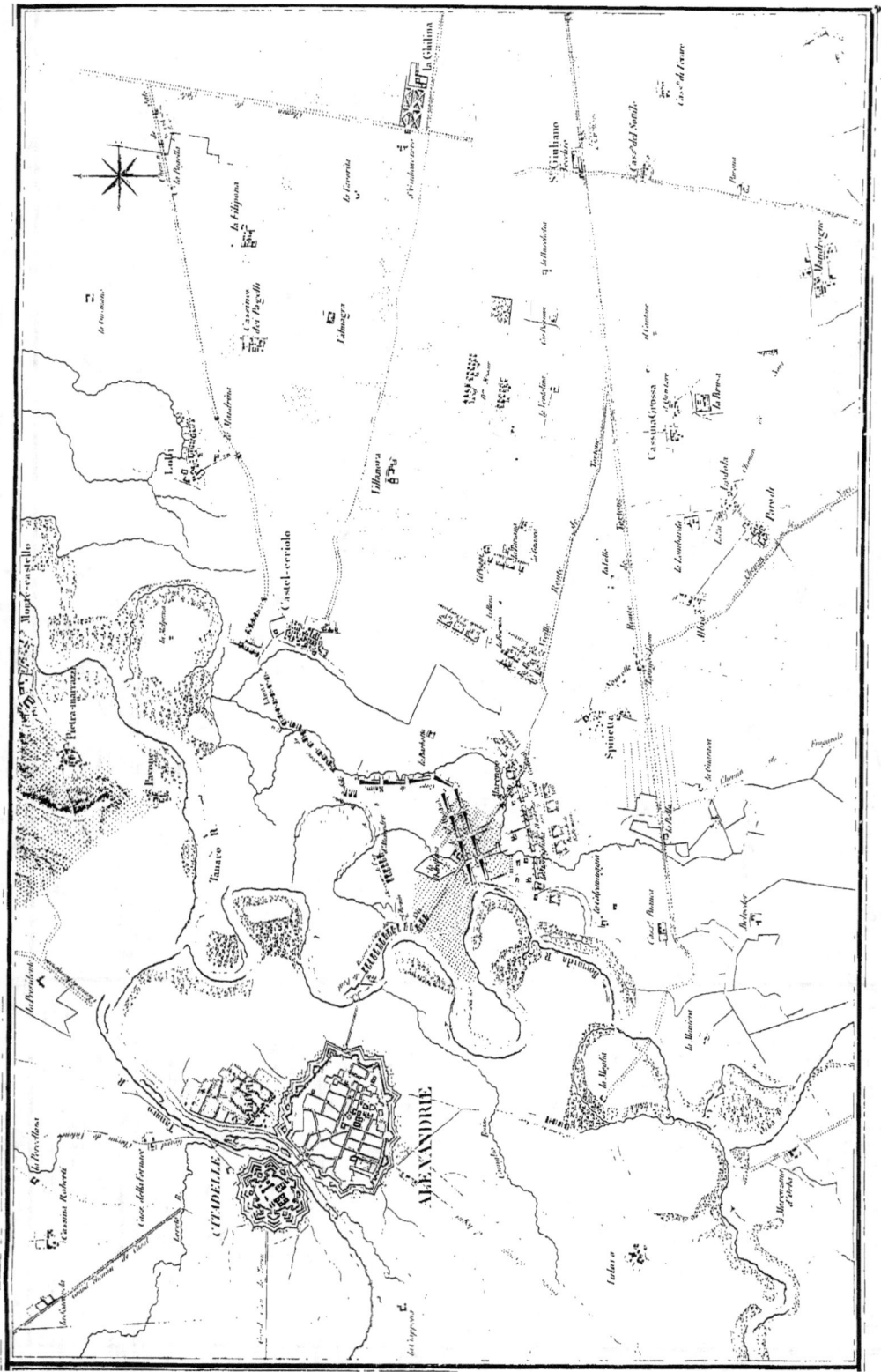

BATAILLE DE MARENGO
IIe PLANCHE.

Le corps de général Haddick s'étendoit de Stortiglione à Marengo, et menaçoit la cavalerie du général Ott qu'il avoit à sa gauche; il s'est déployé et a emporté le poste de la Stortigliona.

Le même tems le 2ᵉ corps de Haddick attaque avec vigueur le village de Marengo défendu par la division Gardanne sous lieutenant-général Victor, aux nouvelles colonnes se portent sur le village; on le défend; on le reprend; mais on l'attaque est impétueuse.

Le corps du général Kaim s'est porté à la droite de Marengo entre sur le déploiement et marche à ébranler le corps de Lieutenant-général Lannes qui l'attaque et le presse, le cet instant la brigade de cavalerie du général Champeaux s'est ébranlée et est chargée de la cavalerie du général Kaim; que menace la droite du général Lannes.

Les chasseurs ennemis arrivoient à Castel-Ceriolo; leur cavalerie avoit dépassé le village, se formait en bataille sur leur lignes, et s'avançoit de flanc droit ainsi que les derriers de l'armée françoise; la garde de Bonaparte est alors dirigée dans la plaine pour cette cavalerie en vêt; le 95ᵉ, le 51ᵉ, la légion de la division Monnier marchoient sur les ordres du général Carra-St Cyr, pour soutenir la Garde et se portent sur Castel-Ceriolo.

La brigade de cavalerie du général Rivaud s'avance sur la route de Salé et la division Desaix est déjà arrivée à la hauteur de San-Giuliano.

Ce pendant la division Chambarlhac, fortement pressée à la gauche par le corps d'Oreilly, s'ébranle; quelques chargées à plusieurs hardies de cavalerie et de la brigade Kellermann, la contiennent; mais elle perd de terrain; mesuré; l'armée ne s'a plus à Marengo; on s'exposoit sur ce point.

Le 12ᵉ régiment de chasseurs est en marche pour flanquer ontre retraite; quand, un delà de S¹ Orleo.
On se passoit de se trouver à midi.

EXPLICATION DES SIGNES

Troupes Françaises
- Infanterie de ligne
- Infanterie légère
- Cavalerie
- Dragons
- Hussards
- Quartier-général

Troupes Autrichiennes
- Infanterie
- Cavalerie
- Marche en avant
- Marche en retraite
- Position à l'attaque

Echelles

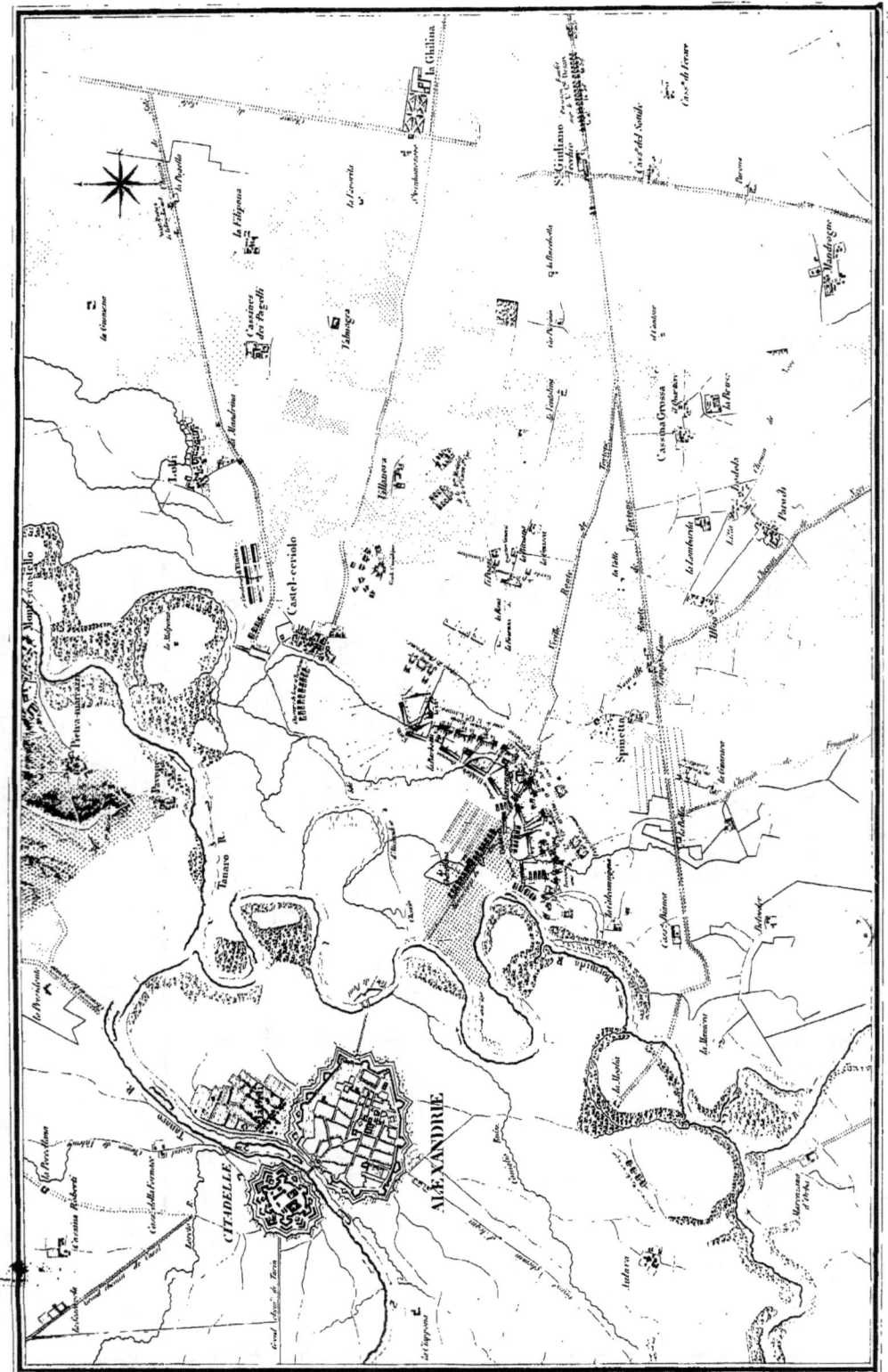

BATAILLE DE MARENGO
IIIᵐᵉ PLANCHE.

La garde de Bonaparte s'est maintenue au milieu de la plaine, contre la charge de la cavalerie.

Castel-Ceriolo est occupé par les deux demi-brigades du Général Carra-St.Cyr.

La brigade du Général Rivaud s'avance sur la route de Sale.

La division du Général Desaix s'est formée en avant de San-Giuliano.

Notre gauche, a continué de faiblir; notre centre tenait encore; mais la ligne, quant son pivot a Castel-Ceriolo, et la cavalerie ennemie, s'étant suffisamment contenue, un mouvement de conversion rétrograde, pouvant obliquement sur la droite, à été ordonnée par Bonaparte, afin de s'éclairer ou gauche sur nos reserves, et de porter un corps devant sur les corps massés que s'y mouvroit, en dessus étendu, envager et joindre.

Les effets de colonne de grenadiers hongrois qui devait soutenir le mouvement, a flatté l'ennemi s'exécute avancer; mais déja le mouvement rétrograde s'était arreté; la division Chamberlhac s'était opposée à la gauche, en seconde ligne, la division Gardanne occupait en ligne, l'extrême gauche, la division Desaix s'en droite, s'était disposée en attaque rapprochante; elle avait sa cavalerie, face battante de le s'avance de la cavalerie en reserve près, à chaque par les maravailles de la 2ᵉ, 5ᵉ brigade, et flanque à la droite par la garde, cavalerie que se tient avec le corps de Castel-Ceriolo.

La cavalerie était en ligne; le corps du Général Lannes, occupait le centre, s'attend cette position, attaqué par rebelles, que toute la ligne s'est ébranlée, jusqu'alors l'oeuvre appuyant les dispersés Desaix avaient la tête de la division avancée; les corps ennemis, dans le moment ou ce plus plaisait, qui une charge vive et hardi, perce et met en désordre.

Le lieutenant Général Lannes chargé de corps division Kaim, et l'culbute; l'ennemi est consterné; Murengo-en-retient mi de dessus et trouvé, après, s'est repoussé sur la Bormida qu'il repassé à la faveur de la nuit, et maitre de champ de bataille, le plan des colonnes represent les positions qu'ils étaient occupées a avant la bataille.

EXPLICATION DES SIGNES.

	Positions	marche
Infanterie de ligne		
Infanterie légère		
Cavalerie		
Dragons		
Artillerie		
Hussards		
Quartier-général		

Troupes Françaises

Troupes Infanterie
Autrichiennes Cavalerie

Marche en avant
Marche en retraite
Ligne à l'Ethonne

Echelles

de 2 Hellomètres pour une lieue de France
carreau à kilomètre pour un Toise

BATAILLE DE MARENGO
IIIᵐᵉ PLANCHE.

La garde de Bonaparte s'est maintenue au milieu de la plaine, couvert des charges de la cavalerie.

Castel-cereolo est occupé par les deux demi-brigades du Général Carra-Saint-Cyr.

La brigade du Général Rivaud s'avance sur la route de Salé.

La division du Général Desaix s'est formée en avant de San-Giuliano.

Notre gauche a continué de faiblir, et devenir dans ce moment, mais la ligne s'étant un peu portée à Castel-cereolo, et la cavalerie soutenue, s'étant suffisamment avancée, un mouvement de conversion rétrograde pendant obliquement sur la droite, a été ordonné par Bonaparte, qui a opéré en même temps sur ses réserves, et de porter au coup d'œil sur les corps ennemis qui se montraient devant Alexandrie, ranger et faisaient.

En effet la colonne de grenadiers hongrois qui devait achever de enveloppement était l'aoré d'avancer, c'était aussi; mais déja le mouvement rétrograde c'est arrête, la division Gardanne occupait de l'avant garde, en seconde ligne, la division Desaix, en troisième, l'aile battue de la première attaque, en arrière, la cavalerie en réserve posté, à chaque pour les intervalles. Le centre, c'était à l'aile droite de Desaix, c'était déja envoyé au 2 à 3 brigades. Alexandre à la droite par la garde consulaire.

C'est dans cette position, obligeant par échelon, que toute la ligne ayant continué une attaque générale, les divisions Desaix chargé de tête de la colonne ennemie, et Bonaparte dans les vendanges plaçant que mouchargé ce, et hardi; perce et met en désordre le bataillon le Général Lannes abordé le corps de l'armée hongrois et culbuté. L'ennemi est remis sur Marengo; on ne fait un désordre et inutile effort, c'est rejeté sur la Bormida qu'il repasse à la pointe de la nuit, et mettre sur le champ de bataille les prisonniers nombreux représentant les positions qu'ils avaient occupés avant la bataille.

EXPLICATION DES SIGNES.

	Infanterie de ligne	Bastions
Troupes Françaises	Infanterie légère	
	Cavalerie	
	Dragons	
	Chasseurs	
	Hussards	
	Quartier-général	
Troupes Autrichiennes	Infanterie	
	Cavalerie	
	Marche en avant	
	Marche en retraite	
	Lignes d'attaque	

Echelles.

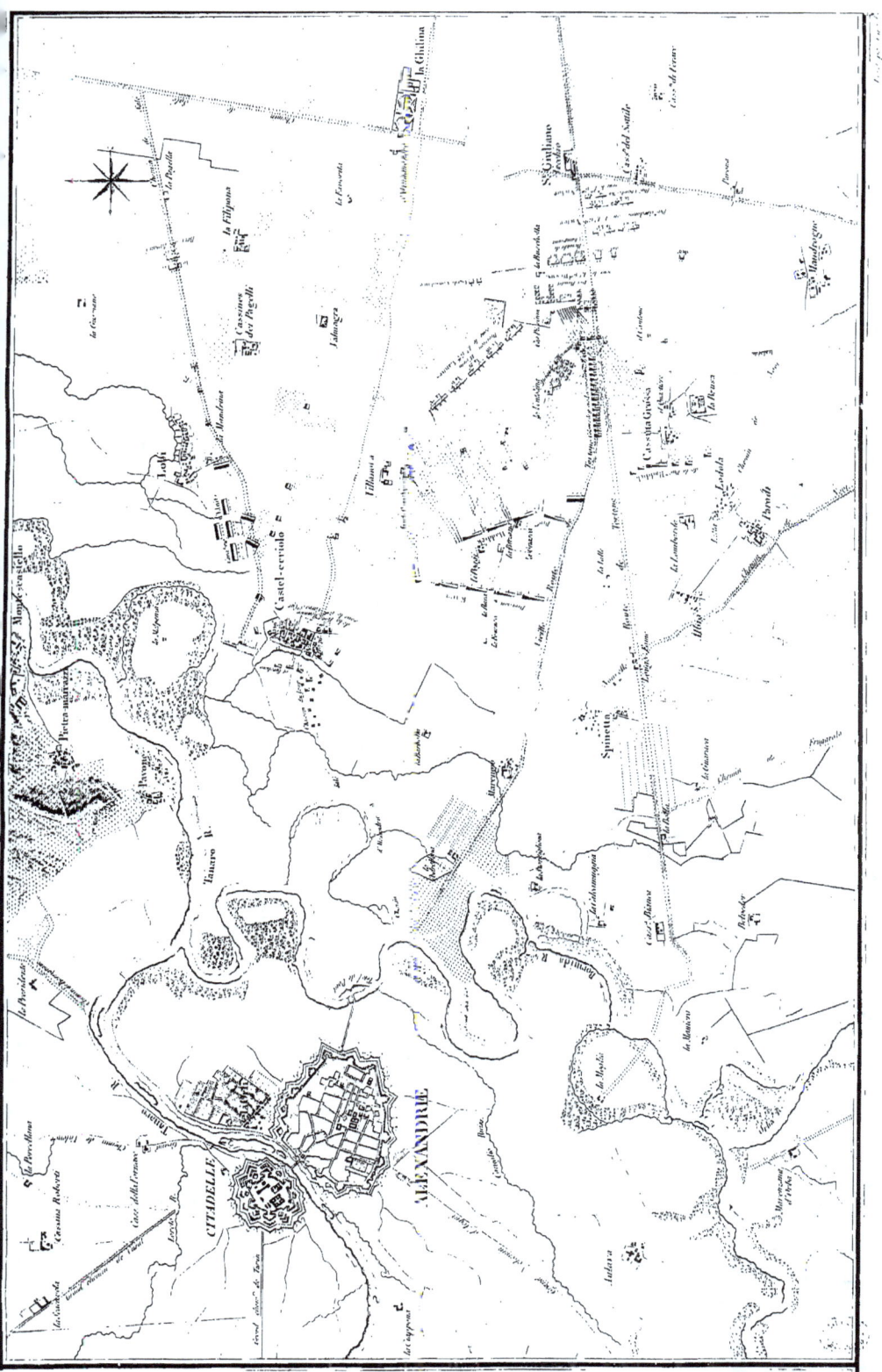

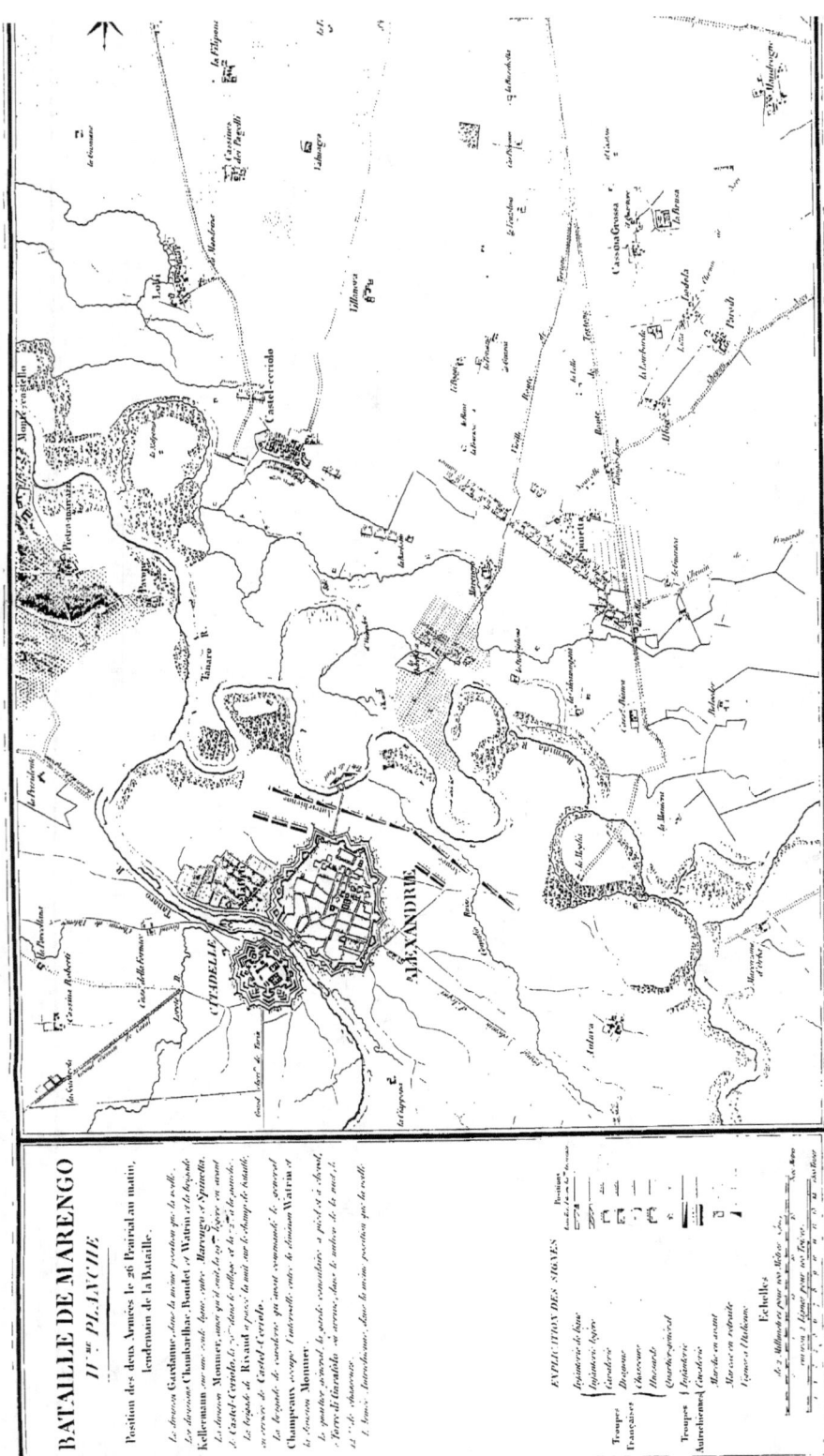

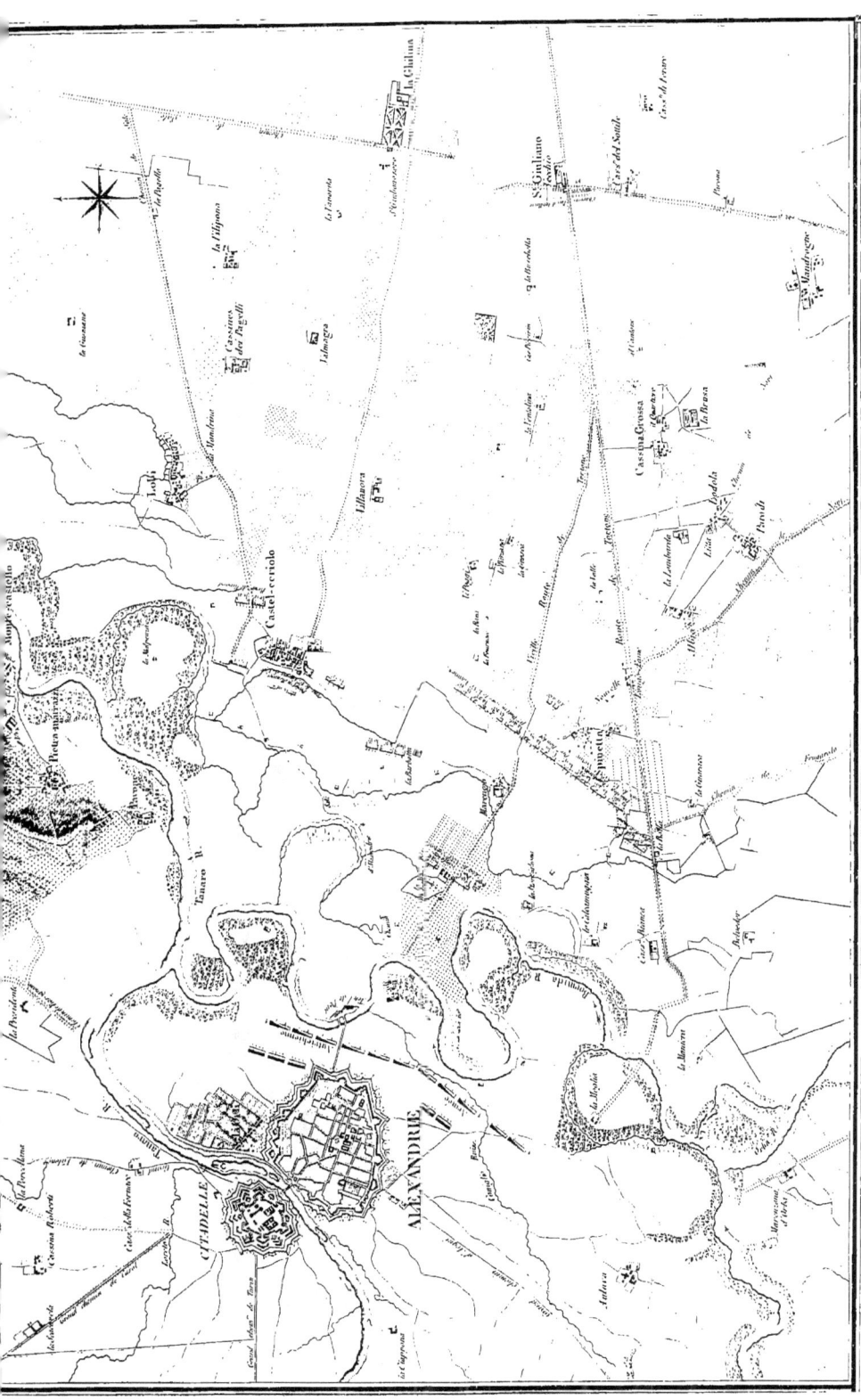

VUE DE LA BATAILLE DE MARENGO,
au moment de la Victoire.

www.ingramcontent.com/pod-product-compliance
Lightning Source LLC
LaVergne TN
LVHW021001090426
835512LV00009B/2010